JN035115

総合判例研究叢書

刑　　法 (25)

限　時　法…………………………木　村　龜　二
大　野　平　吉

有　斐　閣

刑法・編集委員

佐伯千仭

団藤重光

序

フランスにおいて、自由法学の名とともに判例の研究が異常な発達を遂げているのは、その民法典が百五十余年の齢を重ねたからだといわれている。それに比較すると、わが国の諸法典は、まだ若い。最も古いものでも、六、七十年の年月を経たに過ぎない。しかし、わが国の諸法典は、いずれも、近代的法制を全く知らなかつたところに輸入されたものである。そのことを思えば、この六十年の間に極めて重要な判例の変遷があつたであろうことは、容易に想像がつく。事実、わが国の諸法典は、それに関連する判例の研究でこれを補充しなければ、その正確な意味を理解し得ないようになつている。

判例が法源であるかどうかの理論については、今日なお議論の余地があろう。しかし、実際問題として、多くの条項が判例によつてその具体的な意義を明かにされているばかりでなく、判例によつて特殊の制度が創造されている例も、決して少くはない。判例研究の重要なことについては、何人も異議のないことであろう。

判例の創造した特殊の制度の内容を明かにするためにはもちろんのこと、判例によつて明かにされた条項の意義を探るためにも、判例の総合的な研究が必要である。同一の事項についてのすべての判決を探り、取り扱われる事実の微妙な差異に注意しながら、総合的・発展的に研究するのでなければ、判例の研究は、決して終局の目的を達することはできない。そしてそれには、時間をかけた克明な努力を必要とする。

幸なことには、わが国でも、十数年来、そうした研究の必要が感じられ、優れた成果も少くないようになつた。いまや、この成果を集め、足らざるを補ない、欠けたるを充たし、全分野にわたる研究を完成すべき時期に際会している。

かようにして、われわれは、全国の学者を動員し、すでに優れた研究のできているものについては、その補訂を乞い、まだ研究の尽されていないものについては、新たに適任者にお願いして、ここに「総合判例研究叢書」を編むことにした。第一回に発表したものは、各法域に亘る重要な問題のうち、研究成果の比較的早くでき上ると予想されるものである。これに洩れた事項でさらに重要なもののあることは、われわれもよく知つている。やがて、第二回、第三回と編集を継続して、完全な総合判例法の完成を期するつもりである。ここに、編集に当つての所信を述べ、協力される諸学者に深甚の謝意を表するとともに、同学の士の援助を願う次第である。

昭和三十一年五月

編集代表
小野清一郎　宮沢俊義
末川　博　我妻　栄
中川善之助

凡例

一　判例の重要なものについては、判旨、事実、上告論旨等を引用し、各件毎に一連番号を附した。

二　判例年月日、巻数、頁数等を示すには、おおむね左の略号を用いた。

大判大五・一一・八民録二二・二〇七七　（大審院判決録）

（大正五年十一月八日、大審院判決、大審院民事判決録二十二輯二〇七七頁）

大判大一四・四・二三刑集四・二六二　（大審院判例集）

最判昭二二・一二・一五刑集一・一・八〇　（最高裁判所判例集）

（昭和二十二年十二月十五日、最高裁判所判決、最高裁判所刑事判例集一巻一号八〇頁）

大判昭二・一二・六新聞二七九一・一五　（法律新聞）

大判昭三・九・二〇評論一八民法五七五　（法律評論）

大判昭四・五・二二裁判例三刑法五五　（大審院裁判例）

福岡高判昭二六・一二・一四刑集四・一四・二一一四　（高等裁判所判例集）

大阪高判昭二八・七・四下級民集四・七・九七一　（下級裁判所民事裁判例集）

最判昭二八・二・二〇行政例集四・二・二三一　（行政事件裁判例集）

名古屋高判昭二五・五・八特一〇・七〇　（高等裁判所刑事判決特報）

東京高判昭三〇・一〇・二四東京高時報六・二民二四九　（東京高等裁判所判決時報）

札幌高決昭二九・七・二三高裁特報一・二・七一（高等裁判所刑事裁判特報）

前橋地決昭三〇・六・三〇労民集六・四・三八九（労働関係民事裁判例集）

その他に、例えば次のような略語を用いた。

裁判所時報＝裁時　　家庭裁判所月報＝家裁月報

判例時報＝判時　　判例タイムズ＝判タ

目次

限時法

木村亀二
大野平吉

一　限時法の問題……三
　一　概説（三）　二　判例（六）
二　限時法の概念……九
　一　判例（九）　二　学説（一〇）
三　限時法の効力……八三
　一　学説の大要（八三）　二　判例（八八）
判例索引

限時法

木村龜二
大野平吉

はしがき

限時法とは、狭義においては、当初からまたは事後において、予め有効期間を定めた法律をいい、その形式は完全刑法たると白地刑法たるとを問わない。このような狭義の限時法としては昭和六年法律第四〇号重要産業統制法があつたが、本法にあつては、その有効期間中になされた違反行為については、有効期間経過後においても処罰する旨を明らかにした追及効の規定を設けていたので、特に問題がなかつた。

しかるに、日支事変から引き続き大平洋戦争に入り、さらに、終戦後に至るまで比較的永い間、右のような狭義の限時法と、臨時法たる点においてそれと共通的性質を有し、限時法的性格を有するとせられた白地刑法が、戦中・戦後の諸種の統制法において重要な役割を営み、これに関する多数の判例が成立し、その判例の見解は必ずしも統一的でかつ明確なものであつたとはいいえず、学説もまた一定せず、はなはだしい混乱状態を惹き起した。今日では、社会状態が平常に復し、限時法の問題は一応主役的地位から退いたが、本書は戦中・戦後の極めて多数の判例を整理し、批判的に検討することを中心課題としたものである。

本書は当初わたくしの単独執筆の予定であつたが、諸般の事情により、大野平吉君の協力を乞うことにつき編集責任者の承諾をえ、大野君が全部を執筆し、それをわたくしが校閲し、若干加筆することにした。大野君の貴重な協力に対して感謝の意を表すると同時に、読者諸賢に対しては、本書の内容につき大野君とわたくしが共同責任を負う旨を明記して了承を乞う次第である。（木村龜二）

一　限時法の問題

一　概　説

「限時法」(Zeitgesetz, temporäres Gesetz ; loi temporaire) は言葉としては普通「恒久法」(loi durable ; loi perdurable ; loi permanente) に対して用いられているが、その概念内容は、次章において詳しく検討するように、不確定であつて一定していない。

まず、狭い意義において限時法といわれるのは、当初からであれ又は事後においてであれ、予め有効期間を定めた法律をいい、その期間は暦に従つて定められたと否とを問わない。ここで本質的なことは、予め効力期間が定められている法令であるという点であつて、効力期間が予め一定せられているがゆえに、その期間の末期において行われた違反行為を有効期間中に処罰しえないとか、裁判を遅延させて処罰を免れようとする者に対して方策がないという点に限時法の問題があるのであり、その問題性を中心として構成せられているのが、この限時法の概念である。この意味の限時法の典型的なものは、昭和六年法律四〇号重要産業統制法であるが、この法律はその附則第二項において、「本法ハ施行後十年間ヲ限リ其ノ効力ヲ有ス」とし、さらに、その三項において、「前項ノ期間内ニ為サレタル本法又ハ本法ニ基キテ為ス処分ニ違反スル行為ニ付テハ本法ノ罰則ハ前項ノ期間経過後ト雖モ仍之ヲ適用ス」と規定していた。又、この意味の限時法は白地刑法であることが多いが、必ずしも白地刑法たるにかぎらず、刑法の一部改正に関する昭和二二年法律一二四号によつて削除せられた刑法一八三条の姦通罪の規定は、右の法律一二四号が公布せられた日から同法附則に定められた実施期日に至るまでは限時法であつた(木村・総論一一三頁)。

次に、広い意義において限時法といわれる場合には、狭義の限時法の外に、一時的事情に対処するために制定せられた刑法を含めて限時法と解し、この場合には予め有効期間が定められていると否とを重要視しない。次章において述べるように、最近の判例は、これを、「限時法的性格」を具有する法規、といつているといつてよいであろう。なお、ポーランド刑法二条三項、イタリア刑法二条四項、ブラジル刑法二条三項の規定は、広義の限時法に関するものと解せられるが、ドイツ刑法二条三項は、形式的には狭義の限時法に関する規定であるが、学説・判例は、広義の限時法の意味に解している(Maurach, Deutsches Strafrecht, Allg. Teil, 2. Aufl. 1958, S.106 ; Kohlrausch-Lange, Strafgesetzbuch, 42. Aufl. 1959, S.42 ; Welzel, Das deutsche Strafrecht, 7. Aufl. 1960, S.23 ; Schönke-Schröder, StGB. 11. Aufl. 1963, S.65)。

ところで、限時法とは何かという限時法の概念の問題と限時法の効力とは別個の問題である。ところが、次章において述べるように、判例の中には、それが限時法だというと、その当然の結論として、有効期間中の違反行為に対してはその期間経過後においても罰則規定を適用しうるかのごとく考え、限時法には追及効が必然的に包含せられていると考えているものが多い。しかし、そのような結論は、例えばドイツ刑法二条三項のように一般的追及効を法律上規定している立法にあつては、その規定に基づいて当然導きだしうるが、そうでないわが刑法などにおいては、そのような結論を導きだしうるものではない。何となれば有効期間の経過とともに法律は失効し、法律上規定せられた刑が消滅してしまうからである。換言すると有効期間経過後に処罰することは、法律なければ刑罰がないという罪刑法定主義の原則と矛盾し、憲法三一条に違反するからである。従つて、有効期間の経過後に処罰しうるためには、追及効に関する一般規定が存在するか、特別に罰則規定の存続を規定することが必要である。そのような特別の、または一般的な罰則規定がある場合にだけ限時法の効力は追及する。

それでは、もしも有効期間の経過後も罰則規定が効力を保存するというような特別規定のないときは、限時法の効力期間の末期における違反行為に対しては、手をこまぬいて傍観しなければならないではないかという反対論がないではない。しかし、そのような刑事政策的要求は、解釈によつてではなく、立法によつて解決せられねばならない。すなわち、効力期間の経過以前に適当に罰則規定の存続を法律によつて規定すればよいわけである。そのような立法的措置を怠つた場合に、その国家の怠慢の責任を違反者の処罰によつてカバーするということは、罪刑法定主義の原則に違反するのみではなく、国家の不当な責任回避策であるといわねばならない。

罪刑法定主義の原則は遡及効を否定すると同時に追及効をも否定するところに、その個人自由の保障的機能を完うしうるのである。従つて、この原則に例外を認め軽い法律の遡及を認めるには刑法六条が必要であるように、また、追及効を認めるにも特別の法律的規定を必要とするのである。この点については、社会的・政治的動揺のはげしい今日の刑法では、とくに自覚的でなければならないであろう（木村・刑法雑筆六三頁）。

二　判　例

限時法の問題に関する判例については、以下において詳しく検討することになるが、ここでは、いわゆる「限時法の問題」ということに直接言及している判例として、次のものを引用しておこう。

【1】「所論は本件重炭酸曹達については原判決言渡後価格の統制が撤廃せられ、犯罪後の法律により刑の廃止された場合に該当するので免訴の判決を言渡さるべきであると主張するのである。しかし、刑法第六条刑事訴訟法第百三十七条第二号は何等の例外をも許さない絶対的な規定ではなく、同じく刑の廃止又は変更を生ずる場合であつてもその中には㈠国家の法律的見解の変更に伴い、従来のような処罰の必要を認めないに至つた結果なる場合又は後法を以て明示的に従来の刑を廃止変更する場合と㈡最初から予定された実施期間の経過による法規の中に発展的解消を遂げる場合とがあり、前者の場合が普通であつて、これが刑法第六条刑事訴訟法第三百三十七条第二号の予想せるものにあたるので、この場合は刑の廃止によつて旧刑罰を適用し得ないことは法令上明白であると共に、実体的にも旧法により処断すべきでないと云う根拠は充分認められる。しかし後者の場合はこれと趣を異にし、当初より一定の期間内（必ずしも明文を以てその期間を限定することを要せず、法規全体の趣旨から一定の時を限定するも差支えない）における特定行為の制限禁止を目的とし、其の違反に対する制裁を科するのが眼目であるから、その実施期間の経過後でも、いやしくも期間中になされた違反行為なる限り之に対してはその制裁の適用を否定すべき何等の理由をも見出し得ないのであつて、これがすなわち前述の例外であり、いわゆる限時法の問題なのである。限時法とは一定の期間内に行われた犯罪に限り絶対的に之を処罰する刑罰法規を云い、換言すればたとえその法規が効力を失つた後においてもなお、処罰を要請するものであり、これが限時法なるものの個有的性格であるが、ある法規が限

時法なりや否やはその立法精神にかんがみ、法そのものの実質に則して決せられるのである。所論告示は物価統制令（以下本令と云う）の委任に基き統制額を指定して本令の内容を補充完成しそれ自身も法令の一部をなすものであるから、本令の本質精神を検討してそれが果して限時法であるか否かを決定しなければならないのである。もともと、経済統制法令は社会の必要に応じ急速に実施の要あるもの多きと共に、社会情勢、経済事情の変動に伴い極めて頻繁に改廃せられる可能性をもち、予め短い施行期間を限定または予想して実施し、その期間の経過によつて効力を失う建前におかれているものが多いのである。戦時中の国家総動員法に基く価格等統制令を中心とする物価の統制は終戦と共に一応その『戦争の完遂』と云う目的を失い、そのことが戦時中の官僚統制に対する反感や政府の威信の失墜と云うようなその他の諸原因とも関連して戦後の経済秩序の混乱をもたらし、闇市場の出現を許し、物価の統制は全く無力化し一般大衆は正にインフレの猛威の前にさらされるに至つたのである。もとより経済統制は一般大衆に対し、その生活に破壊的な結果を生ぜしめるインフレの増大を防止せんとする非常措置であつて、統制があるよりもない方が一般大衆にとつてよりよい結果が得られることになればその時々に応じ統制を緩和しまたは撤廃さるべく、終局的には自由経済に席を譲らなければならないのであるが、戦後のわが国の窮乏せる経済事情は直ちに自由経済に復帰することを許さず、戦時中とはその目的方式を異にする新たな統制を要求し、当時の経済的危機の克服と経済秩序の再建のために経済緊急措置の一環として生れたのがこの物価統制令であつて、その第一条に『終戦後の事態に対処し物価の安定を確保し、社会経済秩序を維持し国民生活の安定を図るを目的とする』と明記し、物価の統制は、この終戦後の非常事態を突破するための一時的な非常措置であることを明らかにしているのである。この本令制定の経過とその本質精神に照らすときは本令はまさしく限時法なのである。所論は要するにこの限時法の個有的性格を理解せず刑法第六条刑事訴訟法第三百三十七条第二号は何等の例外をも許さないと云う見解に立つものであつて、採用することはできない」（大阪高判昭二五・三・一八特六・一五一）。

右の判例の事案は、白地刑罰法規の空白を補充する告示が廃止せられた後において、その廃止以前の行為を処罰しうるかというのであつて、白地刑罰法規そのものは依然効力を保持しているのであるから、刑の廃止があつたといいえないので、当然罰しうるものであり、その意味で、右の判例の結論は妥当であるが、その「限時法の問題」の捉え方は問題である。右の判例は、「原判決言渡後価格の統制が撤廃せられ」たことは、「犯罪後の法律により刑の廃止された場合に該当する」ということを前提とするものと解せられるが、まず、その前提が問題であろう（柏木「時際刑法」刑法講座一巻六五頁参照）。しかし、この点は、刑法六条の「刑ノ変更」の意義に関連して、第三章「限時法の効力」において論ずることにしたい。

次に、問題は右の判例が、「最初から予定された実施期限の経過により」「その法規が効力を失つた後においても」、「いやしくも期間中になされた違反行為なる限り」、これに対しては「その制裁の適用を否定すべき何等の理由をも見出し得ない」としていることであつて、すでに述べたような限時法の問題の問題性は全然認識せられていない。そのため右の判例では、ただ「ある法規が限時法なりや否や」ということだけが論ぜられる結果となつているのである。しかし、すでに述べたように、限時法とは何かという限時法の概念の問題と限時法の効力とは別個の問題である（谷口＝西岡「限時法問題覚書」判例タイムズ三〇号一七頁）。そこで、以下においては、まず、限時法とは何かという限時法の概念の問題を検討し、次に、限時法の効力に関する諸問題を検討することにしたい。

二　限時法の概念

一　判例

すでに引用した判例【1】においても、限時法とは何かという問題が論ぜられ、「限時法とは一定の期間内に行われた犯罪に限り絶対的に之を処罰する刑罰法規を云い、換言すればたとえその法規が効力を失つた後においてもなお、処罰を要請するものであり、これが限時法なるものの個有的性格であるが、ある法規が限時法なりや否やはその立法精神にかんがみ、法そのものの実質に則して決せられるのである」とせられ、物価統制令は、その制定の経過とその本質・精神に照らすときは、「まさしく限時法なのである」とせられた。これは、内容的に広義の限時法に関する判例であり、限時法の概念の問題と限時法の効力の問題の混同が著しいが、最近の判例は、広義の限時法に関する場合には、以下の諸判例のように、一般に「限時法的性格」を具有する法規という漠然とした概念を使用しているといつてよいであろう。

(一)　限時法的性格

【2】 (1) 「物価統制令は、その第一条に規定するごとく『終戦後ノ事態ニ対処シ物価ノ安定ヲ確保シ以テ社会経済秩序ヲ維持シ国民生活ノ安定ヲ図ルヲ以テ目的トス』るものであつて、終戦後という一時的異常な事態に対処するための法規であつて、かかる異常な社会状勢が終熄して経済事態が常態に復したときは、早

晩廃止さるべき運命にある法規であることは、同条の規定するところによつて明らかである。即ち、いわゆる限時法的性格を具有する法規である。しかして同令第三三条はいわゆる空白刑法を成し、その犯罪構成要件の一たる統制額の指定を物価庁長官の告示等に委任していることも、刻々に変移する社会経済状勢に適応すべき統制額の制定変改を挙げて行政庁の事宜に適する措置に一任するものであつて、統制すべき物資の品目についても、またその統制額の制定、改廃についても、常に社会状勢の推移につれて変改さるべきことは、この法規の当初より予定するところであるといわなければならない。かかる場合に行政庁の告示の改廃につれて常に『刑ノ廃止』ありとして違反者を免訴すべきものとするならば、裁判の確定は相当日子を要するのが恒であるから、裁判は告示の改廃に追随するを得ない結果として違反行為取締りの徹底を期するを得ないのみならず、違反者は告示の改廃を予測して遵法を怠り、裁判の遷延によつて、不当に科刑を免れんとする傾向を生じ、また裁判時の先後によつて、同種同質の罪が或は有罪となり或は免訴せられるという不公平な結果を惹起する等、物価秩序の維持という物価統制令の目的は甚だしく阻害されることとなるのである。今や各種物価の統制が漸次撤廃されてゆく傾向にあることは疑ないところであるけれども、統制法規の厳守を確保することは、今日において、依然、国家の喫緊な要請でなければならない。この種経済法規については、この改廃にあたつて、殆んど例外なく法規の廃止後においても罰則の適用については、なお、従前の例による旨の附則が制定せられる所以である。物価統制令自体においても、その第五〇条に『旧令ハ本令施行前ニ為シタル行為ニ関スル罰則ノ適用ニ付イテハ本令施行後ト雖モ仍其ノ効力ヲ有ス』と規定しているのであつて、旧令とは価格等統制令を指すものであるが、同令と物価統制令とはその立法の目的、規定の性質態様を同じくし後者は前者の変身ともいうべきものであり、物価統制令自体において、価格等統制令に関して右の如き規定を有することは、同令が前叙のごとくその第一条において暫行的目的を掲げていること、及び空白刑法の規定を具有すること等に相俟つて同令がその包蔵する規定自体において限時法的性格を具現しているものといわなければならない。

況んや物価統制令自体の問題でなく、これにもとずく行政官庁の告示の廃止の場合のごときは、ある特定の品目に対する統制額廃止の結果として、統制違反の行為が必然的に罪とならなくなるというに過ぎないのであつて、かかる法規違反の行為を以て自今これを罪とせず、若しくは処罰せずとの法的確信にもとずいて、『刑の廃止』が行われるのではないのである。旧事情下においては反社会性を有つものとせられたその違反行為の可罰性に関する価値判断は告示廃止の後においても依然として異るところはないのである。

尚、本件はりんごの販売価格の統制額違反の事案であるが、これをりんごの配給統制違反の場合と対比してみれば、りんごの配給統制に関する青果物等統制令（昭和二一年勅令二四七号）は昭和二二年政令第一五二号によつて、同年八月一日から――即ち本件告示の廃止に先立つこと約三月――廃止されたのであるが、右政令はその附則において『旧令廃止前にした行為に対する罰則の適用については、なお、従前の例による』と規定して旧令当時の違反行為に対しては、旧令廃止後も旧刑訴三六三条を適用しないことを明らかにしているのである。同じりんごについて、しかもわずかに、時を距てて配給統制の廃止と価格統制の廃止との間に、一は廃止後も従前の違反行為を有罪とし、他は廃止後は免訴すべきものとして、しかくその処断を別異にすべき理論上、実際上の根拠があるであろうか。立法者の意思は、価格の指定に関する告示の改廃によつて、『刑ノ廃止』の効果を生ずるがごときことは、夢想だもしなかつたところであろうことが想見されるのである。

以上説明するところによつて、本件は旧刑訴三六三条の『犯罪後ノ法令ニ依リ刑ノ廃止アリタルトキ』に該当するとの論旨の採用すべからざることは明らかである」（最判昭二五・一〇・一一刑集四・一〇・一九七四、〔研究〕木村・刑法雑筆五八頁、牧野・刑法研究一四巻二六〇頁、定塚・刑事判例評釈集一二巻一九三頁、中野・法律時報二三巻一二号九六三頁、松尾・行政判例百選七三頁）。

右の判例は、限時法の問題に関する判例として、最高裁判所としては初めてのものである。事案は、判例【1】と同じく、白地刑罰法規の空白を補充する告示が廃止せられた後において、その廃止以前の行為を処罰しうるかというのであつて、白地刑罰法規そのものは依然効力を保持しているのであるから、刑の廃止があつたといえないので、当然処罰しうるものであり、判例も、そのような結論を明らかにしているので、その点に関するかぎり、妥当なものであつたといわねばならない（木村・前掲五九頁、同・刑法総論一一七頁、同旨、牧野・前掲二七〇頁、中野・前掲九六五頁、反対、定塚・前掲一九八頁）。ただ、限時法的性格などという漠然たる概念を不必要に導入することによつて、論旨が不明確になつたのである。そして、この点に関しては、右の多数意見に対する少数意見の中に傾聴すべきものがある。まず真野裁判官は、限時法について次のようにいわれる。

(2)（反対意見）「純正な意義において限時法とは、特殊な一時的事情のために実施につき一定時期を限つて制定せられた刑罰法規をいうのである。ドイツでは、限時法について一九三五年の刑法中改正法律二条の一第三項において『一定期間のためにのみ制定せられた刑罰法規は、その施行中になされた犯行に対してその法規が廃止された後においてもなおこれを適用する』と明定するに至つた。また、わが国の昭和六年法律第四〇号重要産業の統制に関する法律の附則第二項には『本法ハ施行後十年ヲ限リ其ノ効力ヲ有ス』と規定し同第三項には『前項ノ期間内ニ為サレタル本法又ハ本法ニ基キテ為ス処分ニ違反スル行為ニ付テハ、本法ノ罰則ハ、前項ノ期間経過後ト雖モ仍ホ之ヲ適用ス』と規定している。これは明らかに限時法である。かくのごとく刑罰法規が一定の実施期間を限定せられると共に、期間経過後（法規廃止後）においても有効期間中に行われた違反行為に対してその法規が適用せられる旨を予め明定している場合は、前記刑法第六条等の規定の適用が除外せらるべきものであることは、既に（一）において触れたとおりである。またたといかかる明文規定がないとしても、特殊な一時的事情のために一定期間を限つて制定された刑罰法規は、該期間の経過により当然廃止せられた後においても、その施行期間内になされた犯行に対しては適用があるものと解すべく、従つて前記刑法第六条等の規定の適用は除外せらるべきものである。けだし、刑罰法規がかくのごとく特に一定期間を限つているのは、その期間中の犯行は期間経過後においても処罰すべきことを明らかに予定しているものと解するを妥当とするからである」(前掲、刑集四・一〇・一九八四)。

右の真野裁判官の限時法の概念は、狭義の限時法に関するものといつてよいであろうが、その狭義の限時法の効力に関して、追及効の規定の存在しない場合にあつても、「刑法第六条等の規定の適用は除外せらるべきもの」と解せられる点は、問題である。しかし、この点は第三章「限時法の効力」で論ずることにしたい。真野裁判官は続いて次のようにいわれる。

「この限時法の観念を放漫に解し、いわゆる統制経済刑罰法規を一時的な暫行的性格を有するものと独断し、特にその実施につき一定期間を限定せざる場合においても、すなわち純正な限時法でない場合においても、なおその廃止後において廃止前の犯行を処罰せんとする見解は許し難き行き過ぎである」。「前記の純正な限時法の場合には、現実的に法規存続の時間的幅が限定されているのであるから、かかる法規はそのままの推移をたどれば時の経過によつて自然的に廃止の状態に入るべき性格のものである。これが限時法の性格であつて、その時間的幅の長短とは直接な関係がない。従つて、仮に統制法規を一時的の法規だと独断するとしても、それが直ちに多数意見の言うように『限時法的性格を具有する法規である』と速断するわけにはいかない道理である。かように、本来限時法的性格を有せざるものに、強いて限時法の理論を当てはめようとするところに根本的な誤りが伏在する」(前掲、刑集四・一〇・一九八五)。

右の真野裁判官の反対意見は、限時法たる刑罰法規にあつては、その法規の廃止後であつても有効期間中の違反行為を当然処罰しうるとする、いわゆる限時法の理論を否定するものではない。ただ限時法の概念を狭く解し、本件の場合はそれに該当せずとするのである。そして、井上、岩松両裁判官は、次のように述べて真野裁判官の意見に合流する。

(3)（反対意見）『何年何月何日まで施行する』とか或は『何年何月何日から何年間施行する』とかいうように定められた法規（以下真野裁判官の用語に従つて純正限時法と書く）においてはその失効の時期が予めはつきり知られているからその失効間際になると、違反行為をやつても裁判時迄には法が失効し、それによつて科刑を免れ得るだろうとの予期の下に罪を犯す者が多くなり、法の目的を徹底することができなくなるであろうとか、また違反行為により検挙された者も法の失効するに至る迄徒に審理を遅延させて科刑を免れようとするであろうとかいうことが十分考えられる。しかし本件告示のようなものは何時廃止されるか事前に予測することのできないものである、経済状態が恢復すれば廃止されるというけれども何時恢復するかわからないし、又どの程度に恢復すれば現実に法の廃止が行われるか予想することはできない、(現に主食の統制の如きは食糧事情が大分よくなつたにかかわらず今なお廃止されていない)、それゆえ本件告示のようなものについてはその廃止を予期して罪を犯す者が多くなるというようなこともまずないであろう。実際においても今度の告示廃止直前にこれに対する違反行為が激増していたということも聞かないし、又主食についての統制も遠からず廃止されるだろうと考えている人も相当多数にあるようだが、そのため目下統制違反が激増しているということも聞かない（これは従来大審院の判例によつて、告示廃止前の違反行為をその廃止後においても罰していたためだという人があるかも知れないけれども、われわれにはそんな風には考えられない、大審院の判例の出る前でも告示の廃止間際にその違反行為が激増したという話は聞いていていない）。

それ故多数説のいう『違反者は告示の改廃を予測して遵法を怠り裁判の遷延によつて不当に科刑を免れんとする傾向を生じ』云々の如きはただ頭で考え得るというだけのもので現実にそういう弊害が生ずるとは思えない。多数説及び従来の大審院の判例は純正限時法についての考え方を不当に拡張したものといわざるを得ない。必要ある場合には法が忘れずに『なお従前の例による』との附則を附けているのに本件の場合何等そういう特別規定がないにかかわらず刑法六条、旧刑訴三六三条等の適用を排除して刑を科さなければならぬとする根拠を見出し得ない。かかる科刑を敢てすることは法律の規定に反して罰を科することになり不当である。この意味において即ち法の規定に反して刑を科するという意味においては罪刑法定主義に反するといい得るかも知れない」(前掲、刑集四・一〇・一九八九)。

右の井上、岩松両裁判官の意見には、すでに述べた(一の)、狭い意味の限時法の問題の問題性が明確に認識せられていると同時に、それを、いわゆる限時法的性格を具有する法規、すなわち広義の限時法に無批判に援用しようとした多数意見を批判して、傾聴すべきものがある。

ところで、「限時法的性格」という言葉は、最高裁判所の判例としては、右の判例【2】の中でいわれたのが最初である、といつてよいであろうが、しかし、右の判例の原審判決(第一審長野地方裁判所昭和二三年四月三〇日判決)も示唆するように(前掲、刑集四・一〇・二〇〇〇)、次の昭和二二年四月五日の大審院刑事連合部判決の中に、その前駆的表現が見られる。

【3】(非常上告理由)(1)「被告人山田常太郎ニ対スル白金製品等ノ譲渡ニ関スル統制ニ関スル件違反被告事件ニ付、昭和二十五年五月十五日大阪地方裁判所ハ『被告人山田常太郎ハ京都市ニ本店ヲ有スル山田航空機株式会社ノ社長トシテ同会社ノ経営ニ当ル傍ラ貴金属ブローカーヲ為シ居タルモノナルトコロ、白金製

品等ノ所有者ハ法定ノ買取機関ニ対シ法定ノ期間内ニ譲渡ノ申込ヲ為スベキ義務アルコトヲ知悉シナカラ、予テ販売ノ目的ニテ買集メ所有シ居リタルダイヤモンド入白金製指輪等ノ白金製品合計三十五点（白金純量六六、八三匁）ヲ自己ノ取引先タル天津在住ノ貴金属類密輸出常習者タル山口健造等ニ高価ニテ販売シ利益ヲ獲ンコトヲ企テ、右白金製品三十五点ヲ前記自宅ニ隠匿シ置キ以テ地方長官ノ許可其ノ他法定ノ除外事由ナキニ拘ハラス法定期間内ニ法定ノ買取機関ニ対シ之ガ譲渡申込ヲ為サザリシモノナリ』トノ事実ヲ認定シ、之ニ対シ国家総動員法第八条、第三十一条ノ二第一号、物資統制令第三条、昭和十九年十月十日軍需省令第六十号白金製品等ノ譲渡ニ関スル統制ニ関スル件第二条、同日同省告示第六百四十八号ヲ適用シ被告人ヲ懲役八年ニ処スル旨ノ判決ヲ為シ、被告人ハ之ニ対シテ上告ノ申立ヲ為シタルトコロ、大審院第二刑事部ハ昭和二十一年二月十六日上告棄却ノ判決ヲ為シ、該判決ハ即日確定シタリ。然レトモ原審タル大阪地方裁判所カ前示認定事実ニ対シテ適用シタル昭和十九年軍需省令第六十号白金製品等ノ譲渡ニ関スル統制ニ関スル件ハ、前記被告人ノ上告申立ニヨリ事件繋属中ナル昭和二十年十一月十五日商工省令第十四号ヲ以テ廃止セラレ、同廃止令ハ即日施行セラレタルヲ以テ、同日以降原判決認定ノ如キ事実ニ対シテハ前示刑罰法令ノ適用ナキコト明ナルモ、右廃止令以前ニ敢行セラレタル本件事案ニ対シテハ何等影響ナキモノトシ、右廃止後ナル昭和二十一年二月十六日ノ審判ニ於テ犯罪後法令ニ因リ刑ノ廃止アリタルモノト見ルコトナク、依然前示罰則ノ適用ヲ是認シタルハ果シテ適法ナリヤ否ヤ法令ノ適用上当ニ審究ヲ要スル事案ナリ」。

(2)「仍テ按スルニ、右国家総動員法第八条第三十一条ノ二各号ノ罰則規定ハ所謂空白刑罰法規ノ一種ニ属スルモノニシテ、該罰則ノ内容タル罪ト為ルヘキ事実ヲ定ムル命令ハ固ヨリ同条ノ刑罰ノ種類及程度ヲ変更スルコトヲ得スト雖モ、苟クモ右法律ノ委任範囲ニ属スル限リ、或ハ時代文化ノ推移ニ因リ或ハ法律取締目的ノ変革ニ従ツテ、何時ニテモ右処罰ノ諸条件ヲ規定シ、若クハ之ヲ改廃スルノ内容ヲ定立シ得ヘキコト明白ニシテ、従ツテ右罰則ハ委任命令ノ改廃ニ随伴シテ其ノ限度ニ於テ罪ト為ルヘキ行為ノ構成要件ヲ変更シ、又ハ之等ヲ廃止シ得ヘク、従ツテ之カ当然ノ帰結トシテ右罰則カ委任命令ノ改廃ニ因リテ其ノ限度ニ於テ爾後改廃ニ帰スルコト疑ヲ容レサルトコロナリ。只疑問トナルハ斯クノ如キ場合、廃止前ノ行為ニ対シ廃止後ニ於テ審判スルニ際シテハ、犯罪後刑罰法令ノ廃止ニ伴ヒ刑ノ廃止アリタルモノトシテ刑事訴訟法第三百六十三条第二号ニ則リ免訴ノ言渡ヲ為スヘキヤ、果又法令ハ廃止サレタリトスルモ本件タル国家総動員法違反罪ノ如キハ所謂限時法ニ該当スル場合トシテ苟クモ行為カ刑罰法規有効ノ期間内ニ為サレタル限リ、其ノ廃止後ト雖モ飽ク迄モ之ヲ処罰スル法意ナリト解シ、従ツテ法律ニ謂フ犯罪後法令ニヨリ刑ノ廃止アリタルモノト見ルコトナク依然罰則ノ適用ヲ肯定スヘキニアラスヤトノ一点ナリ。此ノ点、例ヘハ独逸刑法ノ如キニ在リテハ当初理論ノ問題トシテ争ハレタルトコロナルモ『ナチス刑法』第二条a第三項ノ如キハ明文ヲ以テ解決シ、所謂限時法ノ理論ヲ肯定スルニ至リタリト雖モ、未タ之カ立法的解決ヲ見サル我カ現行刑法ノ下ニ在リテハ定説ヲ見ルニ至ラス、勢ヒ論議ノ余地ヲ存スト雖モ、要ハ徒ラニ他国ノ抽象的理論乃至立法的成果タル所謂限時法ノ観念ヲ無批判的ニ継承シ之ニ盲従スルコトナク、須ラク一面ニ於テハ当該刑罰法規ヲ立法スルニ至リタル趣旨ヲ仔細ニ検討スルト共ニ、他面ニ於テハ当該刑罰法令ヲ廃止スルニ至リタル事由等ニ付キ精細ニ吟味ヲ為シ、彼此相綜合考覈シテ然ル後其ノ果シテ行為時法タル罰則ヲ飽ク迄モ維持スル趣旨ナリヤ、果又犯行後刑罰法令ニ廃止アリタル場合トシテ免訴ノ言渡ヲ為スヘキヤノ別ヲ立ツヘキモノナリト信ス」。

(3)「由来終戦後今日ニ至ル迄ノ間ニ廃止セラレタル本令ハ種々アリテ凡百ヲ下ラス、其ノ廃止理由トテモ各個ニ付キ仔細ニ之ヲ検討スレハ必スシモ軌ヲ一ニセスト雖モ、所謂統制経済法令ニ関スル限リ次ノ如キ二ツノ類型ヲ認メ得ヘシ。即チ其ノ一ハ、戦後ニ於ケル国民経済安定ノ為ニ終戦前ニ於ケルト同様統制ノ継続ヲ必要トスルモ、而モ終戦ニ伴フ新タナル事態ニ即応シ新ナル構想ニ基ク新法令ノ公布セラレタルコトカ廃止ノ理由トナレルモノ之ニシテ、例ヘハ物価統制令ノ廃止、生鮮食糧品乃至青果物等ニ関スル幾多ノ新法令ノ公布ニ因リ旧法令ノ廃止セラレタルカ如キ之カ著シキ事例ナリ。其ノ二ハ、終戦ニ伴ヒ戦争目的遂行ノ為ノ統制取締ヲ加ヘルコトノ必要全ク消失シタルコトカ直接廃止ノ理由ト為レルモノニシテ、例ヘハ戦争遂行ノ為ノ軍需充足ヲ直接ノ目的トスル諸統制規則廃止ノ如キ之ニ属シ、特ニ本件白金ノ製品等取締令ノ廃止ハ之カ代表型ヲ成スモノナリ。而シテ右前者ノ場合ニ於テハ謂ハハ旧法令ニ依リテ換骨奪胎セラレタルニ止マリ、旧法令ノ内容自体カ価値否定ヲ受ケタルモノニ非サルヲ以テ、廃止前ノ行為ニ対シテハ実質的ニ廃止後ニ於テモ尚罰則ノ適用ヲ受ケ、従ツテ犯罪後刑ノ廃止アリタルモノト為シ得ヘカラサルヤ理ノ当然ト為スヘキモ、之ニ反シ後者即チ本件ノ如キ場合ニ在リテハ、終戦ニ因ル事態ノ変動カ延イテハ国家的経済的要請ニ変革ヲ齎ラシ、遂ニ当然法令ノ内容価値否定スルニ至リタルモノニシテ、之カ為メ従来刑罰法規ヲ以テ取締ノ対象トシタル行為ヲ放任シ之ヲ処罰セサル新ラシキ意図ノ下ニ該法令ヲ廃止スルニ至リタルモノナルヲ以テ、正ニ我カ刑事訴訟法ニ謂フ『犯罪後ノ法令ニ依リ刑ノ廃止アリタル場合』ニ該当スヘキモノト謂ハサルヲ得ス」。

(4)「右ニ反シ反対ノ見解ヲ主張スルモノハ、国家総動員法若クハ之ニ基キ公布実施セラレタル幾多ノ刑罰法令従ツテ又本件白金等取締ニ関スル法令ノ如キハ所謂限時法ノ一種ニシテ、而シテ限時法ナル限リ仮令犯行後刑罰法令ニ因リ部分的ニ刑ノ廃止アリタリトスルモ、苟クモ一定ノ行為ニシテ刑罰法令ノ有効ナル期間中ニ為サレタルモノナル限リ飽ク迄モ処罰スヘキモノト解スヘク、乃チ実体刑法上刑罰ハ廃止セラレタルモノト認ムヘキニ非サルカ故ニ刑事訴訟法第三百六十三条第二号ヲ適用スヘキ限リニ非スト為スモ、斯クノ如キハ我カ法令ニ確実ナル根拠ヲ求メスシテ徒ラニ所謂限時法ノ理論ナルモノヲ独断スルモノナリ」。「仮ニ右ノ如キ限時法ノ理論ヲ妥当ナルモノトシテ我カ刑法解釈上ノ一理論トシテ之ヲ採ルトスルモ、該限時法ノ問題ト本件ノ如キ場合トハ些カ趣ヲ異ニスルモノアルコトヲ知ルヘキナリ。何トナレハ所謂限時法ノ問題ハ其ノ所定期間ノ経過ニ因リ当然ニ刑罰法規カ廃止ニ帰シタル後ニ起リ得ル問題ナルモ、本件ノ如キハ刑罰法規カ有効ニ存続セル間ニ仮令命令ヲ以テスル部分的廃止ナリトスルモ尚国家ノ法令取締観念ノ推移ニ因リ後法タル省令ヲ以テ前ノ省令ヲ廃止シタル場合ニ係リ、之ニヨリ所謂空白刑法ノ内容ヲ構成スル一部カ縮少セラレ其ノ結果トシテ当該行為ニ関スル限リ犯罪後ノ法令ニ因リ刑ノ廃止アリタルモノト見ラレ得ヘキ場合ナレハナリ。果シテ然リトスレハ昭和二十年十一月十五日商工省令第十四号ニ依リ白金製品等ノ譲渡ニ関スル統制令ノ廃止後ニ於テハ、其ノ取締ノ対象トセラレタル行為ハ最早全ク処罰ノ必要ナキニ至リタルモノト謂フヘク、右省令ノ廃止ニ伴ヒ国家総動員法ノ刑ハ部分的ニ廃止セラレタルモノニシテ、即チ法律ニ謂フ刑ノ廃止アリタルモノナルコト明白ナレハ、爾後本件ノ如キ此ノ種違反行為ノ審判ニ於テハ刑事訴訟法第三百六十三条第二号ニ依リ被告人ニ対シ免訴ノ言渡ヲ為ササルヘカラサルモノナリ」。

（判旨）「山田常太郎ニ対スル所論被告事件ノ訴訟記録ヲ検スルニ、大阪地方裁判所カ昭和二十年五月十五日、同人ニ対シテ所論ノ如キ判決ヲ宣告シ、次テ被告人ノ上告申立アリ、当院第二刑事部ハ昭和二十一年二月十六日上告棄却ノ判決ヲ宣告シタルコト明白ニシテ、更ニ所論軍需省令カ昭和二十年十一月十五日商工省令第十四号ニ依リテ廃止セラレタルコト亦疑ヲ容レス、而シテ、右第二刑事部ノ判決ハ、前記軍需省令ノ廃止アリタルニ拘ラス、敢テ免訴ノ言渡ヲ為ササリシ理由ニ付テ特ニ解説スル所無シト雖モ、其ノ刑事訴訟法第三百六十三条第二号ノ規定ヲ適用セサリシ理由ハ、畢竟スルトコロ、国家総動員法並ニ之ニ基ク物資統制令、前記軍需省令等ハ孰レモ特殊ノ限時的、暫行的性格ヲ有スルモノナルカ故ニ、事後ニ於ケル該省令ノ廃止ハ其ノ効力存続中ニ犯サレタル行為ノ可罰性ニ影響ヲ及ホスヘキニ非ストスル法律的見解ニ基クモノナルコト、之ヲ知ルニ難カラス、惟フニ国家社会カ戦争、事変、天災其ノ他ノ異常変則ニシテ、而カモ早晩終熄経過シ去ルヘキ事態ニ当面シ、其ノ臨時的必要ニ対処センカ為ニ制定シタル暫行的刑罰法令ニ違反シタル行為ハ、其ノ後ニ至リテ異常事態ノ解消ト共ニ之ニ由ル臨時ノ必要亦随テ消滅シ、斯クテ暫行法令ノ改廃ヲ来スニ至ルモ、之カ為ニ俄ニ遡リテ其ノ処罰価値ヲ喪失スヘキ理由無キヲ以テ、斯カル違反行為ニ対シテハ暫行法令改廃ノ後ニ於テモ猶ホ行為当時ノ法令ニ照ラシテ処罰ヲ行フヘシトスルハ、昭和十五年七月一日ノ第二刑事部判決（大審院刑事判例集第十九巻第四〇八頁）以来、同年七月十八日ノ第一刑事部判決（同上第四五八頁、第四七〇頁以下）、昭和十六年五月二十日ノ第四刑事部判決（同上第二十巻第三一〇頁）等一聯ノ当院判例ニ於テ既ニ久シク堅持シ来レル見解ニシテ、此解釈ハ今ニ迨ンテ之ヲ変更スヘキ理由アルヲ見ス。従テ、偶近時ニ至リ、聯合審判ノ手続ニ依ラスシテ当院従来ノ判例ト相容レサル所論ノ如キ判決ヲ生シタリトスルモ、為ニ本件第二刑事部ノ判決カ従前ノ判例ト共ニ遽ニ遡リテ法令ニ違反セルモノト化スヘキ理由アルコトナク、更ニ最高法衙ノ職能ニ鑑ミ、法的安定ノ要請ヲ稽フルモ当院ノ下シタル法令ノ解釈ニ対シテハ、濫ニ異見ヲ挿ンテ以テ非常上告ノ申立ヲ為スヲ許スヘキニ非サルコト自ラ明カナリト謂フヘシ。即チ本件非常上告ノ採用スヘカラサルコト言ヲ俟タス」（大判昭二三・四・五判例集不登載。〔研究〕安平・法律タイムズ一巻三号四七頁）。

右の判例の非常上告理由は、いわゆる限時法の理論に批判的であるとともに、本件白金製品等の譲渡に関する統制令の処罰目的及び廃止の事由等につき精細に吟味検討を加え、白金製品等の譲渡に関する統制令の廃止後においては、その取締の対象とせられた行為はもはや全く処罰の必要なきものとなつたとする点に、その重点が置かれているといつてよいであろうが、いわゆる限時法の問題と本件の場合の差異を指摘している点も、一応、注目に値しよう。しかし、それらの点の検討は次章の課題として、ここでは、右の判例の判旨が、「限時的、暫行的性格」という概念を用いていることに注意しておきたい。ただし、「暫行的刑罰法令」あるいは「暫行法令」という言葉の方が多く用いられている。そして、右の判例に引用せられた戦前の大審院判例には、そのような言葉は全く用いられていない。しかし、以下に見られるように、その後の高等裁判所の判例には、同様の概念を用いたものが散見される。

【4】「原審判決は前記なつみかんの統制額指定の大蔵省告示の廃止があつたに拘らず敢て免訴の言渡を為さなかつた理由については特に解説して居ないけれども、その刑事訴訟法第三百六十三条第二号の規定を適用しなかつた理由は、畢竟するところ、物価統制令前記大蔵省告示等は孰れも特殊の限時的、暫行的性格を有するものであるから、事後における該告示の廃止はその効力存続中に犯された行為の可罰性に影響を及ぼすものでないという法律的見解に基くものであることが窺われ、かかる暫行的刑罰法令に違反した行為は、その改廃があつても、これがために俄に遡つてその処罰価値を失うべき理由はないから、かかる違反行為に対しては、暫行法令改廃後においても、特段の反対規定のない限り、なお、行為当時の法令に照して処罰を行うべきであるというのは、昭和十五年七月一日の大審院第二刑事部判決、同年七月十八日同第一刑事部判決、昭和十六年五月二十日同第四刑事部判決、昭和二十二年四月五日同刑事聯合部判決の一貫して堅持する法令解釈の見解であつて、原審が右見解に則り上告人等の本件犯行に対し所論のような免訴の言渡をしなかつたのは相当であり、これと異る見解に基き原判決を非難する上告論旨は到底これを採用することができない」（広島高判昭二三・七・一六刑集一・二・一八七、〔研究〕金沢良雄・判例研究二巻七号八七頁）。

右の判例【4】は、前出判例【3】との明確な結びつきのもとに、「限時的、暫行的性格」および、「暫行的刑罰法令」ないし「暫行法令」という概念を用いているが、名古屋高判昭二四・一〇・三一特報一・二八四は、「物価統制令並にこれが委任に基く告示は我が国終戦後の異常な社会経済事情に対処するための臨時的必要から制定された暫行的法令であるから」、「その効力存続中になされた違反行為につきその処罰価値が喪わるべき理由がなく」「右法令の改廃後においても前同様行為時の法令に照らして処罰すべきもの」とし、すでに次の判例では「限時法的性質」という概念が用いられている。

【5】「昭和十八年農林省告示第四四三号が昭和二十二年六月十六日物価庁告示第二九七号によつて廃止せられ、同告示がさらに昭和二十二年九月一日の同庁告示第五三一号によつて廃止せられ、同告示が遂に昭和二十三年八月十一日の同庁告示第六四七号によつて廃止せられ、同時に塩さけ、塩ます等の価格統制が撤廃せられたこと並に其の後に原判決がなされたことは所論の通りである。しかし右告示の廃止並びに之に伴う新価格の指定はそれによつて塩さけ、塩ます等の指定最高販売価格の変更を来すのみであつて、それ等の価格統制違反に対する物価統制令所定の刑罰は其の間何等の変更を見ていない。加之それ等の価格統制違反に対する物価統制令は後述するように限時法的性質を有するものであるから、本件に対しては行為時における右昭和二十二年告示第二九七号と物価統制令の罰則とを適用すべきことが明白である。従つて第一審裁判当時においては本件の処断について刑法第六条を適用すべき余地は全然存しなかつたのである。元来刑罰法令はその有効期間中に行われた違反行為を対象とし、その間に行われた違反行為は行為と同時に処罰性を帯び国家は該行為者に対し刑罰権を行使し得るに至るものであるが、斯くして一旦発生した刑罰権は理由なくして縮少したり消滅したりするものではない。刑法第六条には、犯罪後の法律に因つて刑の変更のあつた場合にはその軽いものを適用する旨規定し、旧刑事訴訟法第三百六十三条第二号には犯罪後の法令に因つて刑の廃止があつた時には免訴の言渡を為すべき旨を規定しているが、此等の規定は、孰れも刑罰法令制定の理由となつている法律理念の変更に基いて、従来の処罰自体が不当であつたとか、又は科刑が重きに過ぎたとかいう反省的顧慮から一旦発生した刑罰権を遡及的に放棄したりまたは縮少したりする趣旨に出たものであるから、右諸規定の適用は自ら立法趣旨に基くところの制限を受けなければならない。されば右の様な法律理

念の変更に基くのではなく、単に皮相的な社会状勢の推移殊に経済事情の変遷に基いて、其の時其の場の特殊的状況に即応する為、前法令が改廃せられるに過ぎない場合には、前法令の施行当時の社会状勢又は経済事情の下に行われた違反行為に対する処罰性を縮少したり、又は消滅させたりする理由は全く存しないから、後日該法令の右に述べた様な趣旨の改廃があつても、それに拘らず、尚行為当時の刑罰法令に照して該違反行為を処罰すべきものである（昭和二十一年そ第一号、昭和二十二年四月五日大審院刑事聯合部判決参照）。本件塩さけ、塩ます等の価格を統制している物価統制令は終戦後の事態に対処し、物価の安定を確保し以て社会経済秩序を維持し、国民生活の安定を図るを目的とするものであつて、右の様な社会経済状態の継続する間に行われた違反行為に対しては常にその罰則を適用するを相当とするから、同令が臨時物資需給調整法と異つて、形式上歴然たる時限規定を有しなくても、その作用上限時法的本質を有するものと謂うべきである。同令が価格統制令を廃止する規定を設けると同時に、価格等統制令は物価統制令施行前に為した行為に関する罰則の適用については同令施行後でも仍其の効力を有する旨を規定していることに因つて物価統制令の前述本質が変更を来すものではない。而して本件事実が右の様な社会経済状態の下に行われたことは記録に徴し明白であるばかりでなく、右物価統制令に基く右物価庁告示は右に述べた様な随時随処の経済事情に対処する為に制定せられた限時暫行的法令であると解するを相当とする。従つて前示昭和二十三年八月十一日の物価庁告示第六四七号は塩さけ、塩ます等に関する経済事情が右のような意味で推移変遷した結果最早その価格を統制するの要を認めなくなつたとの認識に出たものと解するを相当とする。されば右価格統制を撤廃する旨の告示があつたに拘らず被告人の原判示行為は現在においても依然処罰を免れ得ないものと謂うべきである。故に原判決が旧刑事訴訟法第三百六十三条第二号を適用して本件について免訴の言渡をすることなく行為時法を適用して被告人を処罰したのは正当である。原判決には所論違法は一つも存せず、論旨は理由がない」（東京高判昭二四・一一・一一刑集二・三・二五八、〔研究〕金沢良雄・判例研究三巻四号一六九頁）。

右の判例が、「告示の廃止並びに之に伴う新価格の指定は」、それによつて指定最高販売価格の変更を来すのみで、「価格統制違反に対する物価統制令所定の刑罰は、其の間何等の変更を見ていない」としている点は正当である。しかし、告示の改廃は刑の改廃を来さないとする立場をとれば、「問題は、限時法以前のことに属し、敢て限時法論をもち出すを要しないであろう」(金沢(良)・前掲一七二頁、同旨、柏木・前掲六五頁、なお、松尾・行政判例百選七四頁参照)。それにもかかわらず、「限時法的性質」あるいは「限時法的本質」などという不明確な概念を不必要に導入し、限時法的性質を有するものにあつては、その法令の廃止後であつても、有効期間中の違反行為に対しては当然該刑罰法規の適用があると考えている点は問題である。なお、名古屋高判昭二四・一二・二〇特報三・一三〇、及び札幌高判昭二五・七・七特報一一・一八三は、いずれも物価庁の告示の改廃に関する同趣旨の判例であるが(前掲名古屋高判昭二四・一二・二〇は「前記物価庁告示は所謂限時法規の性質を有するものであつて斯る法規に対しては刑法第六条を適用すべき限りではないから」といい、札幌高判昭二五・七・七は、右告示は「限時法の性質を有するものであるから」としている)、次の判例は、判例自身もいうように「物価庁告示の変更のように経済事情の変動に伴い刻々に改正される場合と異なり」、物価統制令自体の改正に関するものである(宮崎「免訴の裁判」本研究叢書刑訴法(8)八九頁参照)。

【6】「旧刑事訴訟法第四百三十四条第二項により職権で刑の廃止があつたかどうかを検討すると物価統制令はその後前述のように昭和二十二年四月十五日改正せられ不当高価販売も営利の目的なく又は業務に属しないときは罰しないことにしたのである。

これは経済事情の変動に伴い改正されたのでなく立法者の法律見解に変更を来したからだと解するのが相当である。

蓋し改正前の法律によるといわゆる筍生活者の不当高価販売も処罰せられることになるので立法者はこれは行き過ぎであると考え直して改正したものである。故に物価庁告示の変更のように経済事情の変動に伴い刻々に改正される場合と異なり改正前の物価統制令第十一条第二項は限時法的性質を有するものでない。従つて本件販売は前述のように営利の目的なく且つ被告人の業務に属しない以上本件販売は物価統制令の前記改正による処罰もなくなつたのであるから刑法第六条により改正法を適用し刑の廃止あつたものとして免訴の言渡をなすべきものである（東京高判昭二五・四・一一刑集三・一一・九三二、〔研究〕金沢良雄・法協七〇巻二号一六七頁）。

右の判例が、物価統制令一一条二項の不当高価販売の構成要件が犯罪後の改正で縮少せられたときは、「刑の廃止」があつたものとして刑法六条により改正法を適用し、また免訴の言渡をすべきものとしている点は問題である。しかも、その理由として、立法者の法律見解の変更をかかげ、それ故「改正前の物価統制令第十一条第二項は限時法的性質を有するものではない」から、としている点は検討を要するものがある。しかし、これも次章の課題としたい。

ともあれ、前出判例【2】は、これらの判例の後をうけて、「いわゆる限時法的性格を具有する法規」ということを言い出したのであるが、その後の判例の中には、次のようなものもある。

【7】「弁護人甲斐庸生上告趣意第一点について」。「しかし乍ら、原判決が右被告人の所為に対し適用した衣料品配給規則三条（昭和二二年商工省令二五号）昭和二二年商工省告示五八号は、臨時物資需給調整法に基いて制定せられたものであり、同法が所謂限時法の性格を有することは、同法一条及び同法附則二項の規定によつて明確であるから、右告示の廃止は旧刑訴三六三条二号にいわゆる『犯罪後ノ法令ニ因リ刑ノ廃止アリタルトキ』に該当しないものと解するを正当とすることは、当裁判所昭和二三年（れ）第八〇〇号同二

五年一〇月一一日言渡した大法廷判決（判例集四巻一〇号一九七二頁以下）の趣旨に照し明らかである」。

「前記第一点に関する裁判官栗山茂の意見は次の通りである。

本件昭和二二年商工省令二五号衣料品配給規則三条、昭和二二年商工省告示五八号は限時法の性格を有するから旧刑訴三六三条二号にいう『刑ノ廃止』に当るのではない。右衣料品配給規則が臨時物資需給調整法に基いて制定せられたものであり、そして同法附則二項の特別規定があるから、同規則一条二項の規定によつてされた指定即ち前記商工省告示五八号の廃止があつても『刑ノ廃止』の問題を生じないと解すべきものと思う。蓋しこの場合『刑ノ廃止』に当るか否かは右指定（告示）の存廃ではなく、右指定の基く前記衣料品配給規則臨時物資需給調整法の効果の存続の問題に外ならないからである。前記引用の大法廷判決（昭和二三年（れ）八〇〇号同二五年一〇月一一日言渡、判例集四巻一〇号一九七二頁以下）所掲の卑見によれば物価統制令はいわゆる限時法ではなく、臨時物資需給調整法のようなのが限時法というべきものであつて、かような限時法では同法附則二項のような特別規定がなければいわゆる『刑ノ廃止』にあたるのである。右卑見は本件臨時物資需給調整法のような限時法であつて、しかも右附則二項のような特別な経過規定がないのに限時法であるというだけで若しくは物価統制令のような限時法でもないのに特別経過規定がある限時法と同じ理論によつてその廃止後までも法の効果を認めようとする説には賛同はしてはいないのである。元来行政庁の処分（告示即ち指定）それ自体は法規の性質を有するものではないので、処分の効果と処分する権限を与えた基本法規に基いて、行政庁が処分によつて具体的の場合に右法規を適用した同法規の効果とは区別して考える必要があるのに、前記大法廷判例の多数説と反対説とは何れもこの二者を混淆して告示即ち指定を法規であると解していると言うているのである」（最判昭二六・三・二三 刑集五・四・六二四）。

【8】（判旨）「物価統制令三条違反の犯罪成立後同令四条に基く価格指定の告示が廃止されても既に成立した犯罪の刑罰を廃止するものでないことは当裁判所屢次の判例である。また、飲食営業緊急措置令は、

当初からその二条において一定の期間だけその効力を有するいわゆる限時法的性格を持つ趣旨を表明し、その後三回に亘りその期間を延長した末昭和二四年五月七日飲食営業臨時規整法附則四項で「飲食営業緊急措置令は、廃止する。但し、この法律施行前にした行為に対する罰則の適用については同令はなおその効力を有する。」と規定したものである。されば、所論免訴の主張は、いずれも刑訴四〇五条の適法な上告理由に当らないし、また、同四一一条五号を適用すべきものとも認められない」(最判昭二六・一二・二〇刑集五・一三・二五五八)。

判例【7】は、判例【2】との明確な結びつきの下に、臨時物資需給調整法が「所謂限時法の性格を有することは、同法一条及び同法附則二項の規定によつて明確である」としているが、栗山裁判官の指摘せられるように、判例【2】の物価統制令は狭義の限時法ではなく、広義の限時法たるに過ぎないのに対し、判例【7】の臨時物資需給調整法は狭義の限時法であり、しかも同法附則二項には「但し、その時までになした行為に対する罰則の適用については、この法律は、その時以後もなおその効力を有する」という特別な経過規定があることに注意しなければならない。そして、そのように重要な差異があるにもかかわらず、それを「所謂限時法の性格を有する」ものというような漠然とした概念で簡単に同一視してしまうところにも、「限時法的性格」という概念の問題性があるといえよう。栗山裁判官の言われるように、判例【7】の場合、昭和二二年商工省令二五号衣料品配給規則三条、昭和二二年商工省告示五八号が「限時法の性格を有するから」、刑の廃止に当らないのではない(判例集に「刑ノ廃止」に「当る」とあるのは明らかに誤りであろう)。「右衣料品配給規則が臨時物資需給調整法に基いて制定せられたものであり、そして同法附則二項の特別規定があるから、同規則一条二項の規定によつてされた指定即ち前記商工省告示五八号の廃止があつても『刑の廃止』の問題を生じないと解すべきもの」であろう。「蓋しこの場合『刑ノ廃止』に当るか否かは右指定（告示）の存廃ではなく、右指定の基く前記衣料品配給規則臨時物資需給調整法の効果の存続の問題に外ならないからである」。なお、判例【8】の場合も、飲食営業緊急措置令は狭義の限時法であり、しかも判例の引用するような飲食営業臨時規整法附則四項があるので、判例【7】と大体同様に考えることができよう。

ところで、限時法に関する判例の数は決して少くないが（筆者の見ることのできた判例の数だけでも一〇〇に近い）、直接「限時法」ないし「限時法的性格」というような概念を用いた判例は、比較的その数が少いのであつて、はつきり「限時法」という概念を用いた判例については後に述べることにしたいが、「限時法的性格」ということに言及した判例としては、すでに引用した諸判例のほかに、（少数意見の中に言及されているものを含めて）、最判昭二八・七・二二刑集七・七・一五七三＝【9】、最判昭二八・一二・一六刑集七・一二・二五〇二（昭二七（あ）六六六九）、最判昭二八・一二・一六刑集七・一二・二五二六（昭二七（あ）二三二六）、最判昭二九・一二・二三刑集八・一三・二三一一＝【10】、最判昭三〇・四・二七刑集九・五・九六二、最判昭三七・四・四刑集一六・四・三五八＝【12】、東京高判昭二七・七・一五刑集五・八・一三四六、札幌高判昭二七・八・一五刑集五・八・一三八七、東京高判昭二九・一・二一刑集七・一・九一＝【11】、広島高判昭三一・二・六高裁特報三・四六、東京高判昭三三・一二・二三東京高時報九・一三刑三一九、東京高判昭三三・一二・二六（最高刑集一六・四・三七六所収）、東京高判昭三四・一・二九東京高時報一〇・一刑七

六、東京高判昭三四・二・四東京高時報一〇・二刑九一、大阪高判昭三六・一・三〇刑集一四・一・五、大阪高判昭三六・九・一五刑集一四・七・四九二が、その主なものである、といってよいであろう。右の諸判例の中では、以下のものが重要である。

【9】(1)「政令三二五号は、平和条約の発効と同時に効力を失うべきものとしても、同令は占領下の臨時的必要に対処するため制定された臨時立法であるから、いわゆる限時法的性格を有し、その失効後も行為当時の同令を適用して処罰すべきであるとの見解をとる者がある。しかしながら、政令三二五号は、前にも述べたように占領という特殊な状態において、連合国最高司令官がその意思を実現し、その権威を発揚し、もつて占領目的を達成するための手段として制定されたに過ぎないものであるから、占領下に同政令において違法とされた行為の違法性および可罰性は、占領終了と共に当然消滅するものと言わなければならぬ。すでに占領が終了し、日本国が独立を恢復し、日本国憲法が完全な支配を及ぼすに至つた今日において、占領下における最高司令官の指令に違反した行為を処罰すべきであるとすることは、占領終了の後においても、なお最高司令官の権威の存在を認め、その指令の効果の存続を承認し、『占領目的に有害な行為』の持続を是認しようとするものであつて、かくのごときは到底憲法の容認しないところというべきである。されば、憲法違反の故に失効した罰則を、限時法的理論によつて存続せしめようとする見解の誤りであることは明らかである」(最判昭二八・七・二二刑集七・七・一五七三、〔研究〕木村・刑法雑筆一四三頁・一六一頁、小野・刑事判例評釈集一五巻二二三頁、安平・自由と正義五巻四号五頁、牧野・警察研究二四巻九号三頁、なお、法律時報二五巻九号八八頁以下参照)。

右は、真野、小谷、島、藤田、谷村、入江の諸裁判官の意見であるが、井上、栗山、河村、小林の諸裁判官は、右の点について、「右の政令第三二五号に限時法として効力を認めようとする説は、憲法違反の故に失効した法規を限時法の理論によつて存続させることは不可能であるから首肯することはできない」（前掲、刑集七・七・一五七七）としておられる。

そして、これらは、次の田中、霜山、斎藤、本村の諸裁判官の意見に対するものである。

(2)「いわゆる限時法の場合、特にその立法と同時に予め法規失効後も失効前の違反行為に対し罰則を適用する旨の明文を設けた場合（昭和六年法律四〇号重要産業ノ統制ニ関スル法律附則参照）のように、法規の廃止又は消滅が、立法者の法的観念又は刑法的価値判断の変更によるものでなく、単に事情の変更乃至時間の経過に因るに過ぎないときは、法規の廃止又は消滅後も寧ろ立法者が既成の法律効果を放棄しない国家意思であると見るべきである。そして、本件政令三二五号占領目的阻害行為処罰令はその名の示すとおり初めから占領中のみに限り有効に存在し、占領の終了と同時にその効力を失うべき性格の政令であること論を俟たないから、いわゆる限時法に属するものと解すべきこと多言を要しない。

されば、本件政令の基本法である昭和二〇年勅令五四二号並びにこれに基く本件政令三二五号が原判決があつた（昭和二七年四月二八日言渡）後、同日午後一〇時三〇分連合国と日本国との平和条約発効と同時に失効したとしても、既成の同政令二条一項の刑罰を廃止したと認むべき法令に因る明示又は、黙示の国家意思は認められないし、（特に本件指令の趣旨に反する同令違反につき大赦がなかつたことは顕著な事実である）、また、同処罰令の前示のごとき限時法たる性格上刑罰を廃止したものと見ることもできない。しかのみならず、昭和二七年法律八一号、同法律一三七号の一連の法律は（同法律八一号が新らたな国内法律として有効であるか否かは別として）、却つてその刑罰を特に廃止しない旨の明確な国家意思を表明しているのであるから、所論刑の廃止の主張は、いずれの点から見ても採用できない（前掲、刑集七・七・一五八〇、前出【9】の(1)の末尾に掲げた文献のほか、田中（耕）・ジュリスト四九号二頁、真野・ジュリスト四一号二頁、平野ほか・ジュリスト四三号一九頁、井上・ジュリスト二〇〇号一二八頁参照）。

右の判例では、「限時法的性格」という概念も用いられているが、むしろ「限時法」の概念の方が多く用いられ、少数意見では、「限時法たる性格上」刑罰を廃止したものと見ることはできない、とせられている。そして、その場合の「限時法」の概念は、「本件政令三二五号占領目的阻害行為処罰令はその名の示すとおり初めから占領中のみに限り有効に存在し、占領の終了と同時にその効力を失うべき性格の政令である」から、「いわゆる限時法に属するものと解すべきこと多言を要しない」とせられていることから見て、広義の限時法の概念を意味しているといつてよいであろう。もちろん、限時法の概念ははなはだ多義的に理解せられているし、とくに政令三二五号が限時法たるか否かも大いに論議のあるところであつて、多言を要しないほど明白なものでないことは、多言を要しないであろう。この点について真野裁判官は、その補足意見の中で、次のように述べておられる。

「わたくしは、法律の実施につき一定期間を限定している場合にのみ限時法を認めるものである。その以外には限時法を認むべき必要もなく、またこれを認めるのは妥当でない。従前の行為を処罰する必要があれば、一挙手一投足の労で立法上の手当をすれば事足りると考える」。「かりに限時法（ツァイト・ゲゼッツ）を前記のごとく法律の実施につき一定期間を限定している場合に限らず、いわゆる臨時法（テンポレーレス・ゲゼッツ）の場合をも含むものと解するとしても、本件のごとき法律状態の大変革の場合に当つて、限時法の理論を駆使することは許されない。わが国が受諾したポツダム宣言一二項においては、『前記目的が達成せられ、かつ日本国民の自由に表明した意思に従つて、平和的傾向を有する責任ある政府が樹立された場合においては、連合国占領軍は速かに日本国から撤収さるべきであろう』と定めているのであつて、占領の終了は、時間的に確定期限又は不確定期限がつけられているというのではなく、単に前記条件（この条件の成就したか否かは一に連合国の主観的判断にかかる）がつけられている極めて不確定なものである。従つて、占領目的のためにする立法を、臨時法として限時法中に取込むこと自体に余程の疑問があるべきである」（前掲、刑集七・七・一五九二）。

なお、右の判例【9】の⑵は、「いわゆる限時法の場合、特にその立法と同時に予め法規失効後も失効前の違反行為に対し罰則を適用する旨の明文を設けた場合（昭和六年法律四〇号重要産業ノ統制ニ関スル法律附則参照）のように、法規の廃止又は消滅が、立法者の法的観念又は刑法的価値判断の変更によるものでなく、単に事情の変更乃至時間の経過に因るに過ぎないときは、法規の廃止又は消滅後も寧ろ立法者が既成の法律効果を放棄しない国家意思であると見るべきである」としているが、この場合に、刑の廃止がないのは、「失効後も失効前の違反行為に対し罰則を適用する旨の明文」があるからであつて、「立法者が既成の法律効果を放棄しない国家意思である」からではない。右のような明文がなかつたら、罪刑法定主義の原則に違反することなしに刑の存続を主張することは不可能である。この場合に、立法者の側における法的観念、刑法的価値判断に変更があつたかなかつたかによつて、刑の廃止の有無を判定するというような思想は罪刑法定主義の原則を無視した論議であつて妥当ではない。

ともあれ、判例のいう「限時法的性格」を有する刑罰法令とは、一般に広義の限時法を意味するといつてよいであろうが、たとえば判例【7】【8】の場合のように、場合によつては狭義の限時法についていうこともあり、又、限時法的性格の法令すなわち限時法と考えているように思われる。その意味で、従来の判例においては、一般に限時法と「限時法的性格」を有する法令の区別が明確でないといつてよいであろう。その点では、次の内容的に相関連する二判例も同様である。

【10】（上告理由）「第一、原判決はいわゆる限時法に関し大審院及び最高裁判所の各判例に相反する判断を為し、公益事業令の限時法的性格を否定し、同令の解釈適用を誤つた違法がある」。

「いわゆる限時法上に関しては、現行法上明文がなく、従つてこれを如何に定義すべきかについて学説上一致した見解がないことは原判決の指摘するとおりであるが、大審院及び最高裁判所は近年いわゆる限時法理論を採用し、幾多の経済統制法令に限時法的性格を認め、その廃止は刑事訴訟法第三三七条（旧刑事訴訟法第三六三条）第二号の刑罰法令の廃止があつた場合に該当せず、その廃止前の違反行為については廃止後においても処罰すべきであるとの見解を明らかにし、その態度は今日に至るまで変更されていない。大審院は昭和一五年七月一日輸出入品等に関する臨時措置に関する法律（以下輸出入品等臨時措置法と略称する。）に基く物品販売価格規則違反被告事件について、限時法理論を採用した判決（昭和一五年（れ）第一九一号第二刑事部・判例集第一九巻一二号四〇八頁以下）を言渡して以来、指定価格変更等の事案につき相次いで同趣旨の判決を為し（昭和一五年（れ）第一一号昭和一五年七月一八日第一刑事部判決・判例集第一九巻第一三号四五八頁以下、昭和一五年（れ）第二三一号昭和一五年七月一八日第一刑事部判決・判例集第一九巻第一三号四七〇頁以下、及び昭和一六年（れ）第三七八号昭和一六年五月二〇日第四刑事部判決・判例集第二〇巻第一一号三一〇頁参照。）、かくて判例の理論は次第に確立してきたのであるが、昭和二一年（そ）第一号昭和二二年四月五日刑事連合部判決において統制法規の限時法的性格を明認するに至つたのである。その後、最高裁判所も昭和二五年一〇月一一日大法廷判決（昭和二三年（れ）第八〇〇号・判例集第四巻第一〇号一九七四頁以下）において物価統制令の限時法的性格を明認し、その理論は各小法廷にも採用されているところである」。「大審院及び最高裁判所の前掲の判例が限時法的性格を認めた輸出入品等臨時措置法、国家総動員法又は物価統制令の如きものは、いずれも確定期限付の法令でないことはこれらの法令の規定に徴し明である。而してその限時法的性格を認める理由乃至根拠は何かというに、それは、これらの法令の規定する内容実質が一時的異常な事態に対する為の法令、即ち暫行的目的を有つ立法であつて、かかる異常な社会状態が終熄して常態に復したときは早晩廃止されるべき運命に在るものであるが、ただその廃止されるべき時期は当初から確定していない。しかもこれらの法令の違反に対する可罰性についての法的確信又は刑法的価値判断はこれらの法令の廃止（委任命令廃止のみならず授権法の廃止を含む意味において）せられた後においても変りがない点に在ると解される。いいかえると、当該法令が一時的異常な事態に対処する為に制定せられ、いずれ遠からず廃止せられるべき運命にあるが、唯その廃止の時期が当初から何年間というが如く確定していなかつたというに止まるものについては、その法令の違反行為の可罰性（厳格にいえば可罰性に対する法的確信又は刑法的価値判断）に変更のない限り限時法的性格を認めるに妨げないことをこれらの判例が示していると理解される」。

「而して公益事業令は法規自体において予めその有効期間に関する定めなく又その期間経過後においてもなお有効期間中の犯罪に対して当該処罰規定を適用する旨の法条を有しないから、厳格な意味においての所謂確定期限付の限時法でないことは原判決の説示するとおりであるが、原判決は……『同令の実質は決して占領下における一時的な特殊事態に対処する処罰法規とは考えられない』と判示してその限時法的性格を否定している。然し乍ら……同令は、わが国が連合国軍の占領下にあつて超憲法的効力を有つポツダム政令によつて制定されたこと、及び同令制定の経緯を観るならば、公益事業令は、その内容において特異なものであり、限時法的性格を有つものであることを理解することができると信ずる」。

（判旨）「公益事業令は、これをいわゆる限時法的性質を有する刑罰法令ということはできない。この点に関する原判決の判断は正当であり、所論第一点引用の判例はいずれも本件に適切でない。又所論第二点引用の判例はいずれもいわゆる限時法的性質を有する刑罰法令に関するものであるから、これ亦本件に適切でない。のみならず電気事業法は、昭和二五年政令三四三号公益事業令附則二項により廃止されたが、同令附則二一項は、『この政令の施行前にした行為に対する罰則の適用については、第二項及び前項の規定にかかわらず、なお従前の例による。』と規定していたので、右電気事業法施行当時同法に違反した行為はなお従前どおり処罰されていたのであるが、右公益事業令は、昭和二七年法律八一号により、同法施行の日たる昭和二七年四月二八日から起算して一八〇日を経過した、同年一〇月二五日以降はその効力を失つたものと解すべく、従つて、本件公訴事実中、電気事業法違反の点は犯罪後の法令により刑が廃止されたときに当ると解すべきこと当裁判所大法廷判例（昭和二六年（れ）第一五一五号同二九年一一月一〇日言渡大法廷判決）とするところである。さればこれと同趣旨に出でた原判決は正当であつて、論旨はいずれも採用できない」（最判昭二九・一二・二三刑集八・一三・二三一一、〔研究〕小野・刑事判例評釈集一六巻四〇三頁）。

右の最高裁判所判例にいう「原判決」とは次の高等裁判所判例のことである。

【11】「限時法を如何に定義すべきかについては学説上一致した見解がないのであるけれども、まず第一に当該処罰法規がその失効前あらかじめその有効期間を明らかに定め、その期間経過後においてもなおその有効期間中の犯罪行為に対しても当該処罰法規を適用する旨を明記しているような例えば重要産業統制法（昭和六年法律第四十号）に見られる場合がその典型的な最狭義なものであろう。然しながら本件新令がこの種の明文を有しないこと法文自体によつて明白である。次にその処罰法規が一時的な平常と異つた事態に対処するため制定されたものであつて、その後の事情の変更によりかかる一時的又は異常な事情の消滅又は変更等の事由によつてその処罰法規が失効した場合をいう甚だ広い意味の見解が存する。ところで本件新令第九十二条（従つて又旧法第三十八条の適用に関しても同一に考えて差支えない。）に関して、新令が制定される機縁については占領軍当局の示唆に基いたものであり、且つ、その立法の形式においても勅令第五百四十二号に基くいわゆるポツダム命令といわれる一群の法令のうちに列するから、その外観においては恰も占領下における一時的な特殊事態に対処する処罰法規であるものの如くであるけれども、新令第一条に掲げるその

目的、従前の旧法及び瓦斯事業法をその附則第二項において廃止してこれにかわるものとして制定された点、並びに後述するように占領が終了してわが国が主権を恢復し平常時に復帰しても新令を廃止することなく引き続き存続させる部類に入れるように企図されていた点特に新令第九十二条旧法第三十八条が同一構成要件の犯罪を規定していること等にかんがみるときは、その実質は決して前述したような特殊事態に対処する処罰法規とは考えられない。更に当該処罰法規自体においてその有効期間を予定しておりその期間の経過によつてその法規は失効したが、その違反を処罰する法律的な見解には何らの変更なく、たとえ明文がなくとも失効後なお刑法第六条の適用を排除して従前の違反者を処罰することが社会通念において当然視されるような場合を意味する見解がある。なるほど法律第八十一号は前記のように『日本国との平和条約』発効の日から百八十日の期限を一応定めてはいるが、この法律の制定の事情及びその後の新令の改廃措置の経過について考察してみると、連合国による占領が終了し従つて前記平和条約の発効の日が近ずくにつれ勅令第五百四十二号の存在根拠がなくなり一連のいわゆるポツダム命令を新事態に即応するように改廃する必要が生じて来たのであるが、その数も多く事情も相異なるので個別的に検討してそれぞれ各所轄省別にその立法措置を講ずることとなつたところ、各その時期において一致しない関係その他の事情によつて一応の一般的な暫定措置として法律第八十一号において勅令第五百四十二号を廃止するとともに別に法律で廃止又は存続に関する措置がなされないときは平和条約発効の日から百八十日を限り法律としての効力を有する旨を規定したのであつて当然新令もこれに従う訳であるが、その期間をおいた趣旨は、右日時の経過によつて自然に新令の効力を消滅せしめることを予め定めたものではなく、その期間内にそれぞれこれを廃止するか存続させるか等の措置を講ずるための不確定な準備のためのものであることを窺い知ることができる」。「然るが故に右法律第八十一号所定の百八十日の期間は前に述べたような意味において予め本件新令罰条の有効期間を予定したものであるとは到底解されないのみならず、却つてこれらの事情は、少くとも前記罰条が決して右の各意味におけるいわゆる限時法的性格のものでなく、通常の一般処罰法規と同様に刑法第六条の原則に従うものであることを証するものである。而して右失効後前記法律第三百四十一号制定公布に至るまでの法的空白期間は全く前記のような予期しなかつた解散という出来事のために生じたものであつて、以上述べたところによつて右法律自体がこの空白状態の発生を予想して失効後における新令有効期間中の本件罰条違反者処罰を予期していたとも又違反者がこれを予想して犯罪を犯す危険があつたとも考えられないのみならず、更にかくの如き意外の失態の結果生じた事柄について刑罰法規の一般原則である刑法第六条の適用を排除して遡及効力を認めることがはたして社会一般の通念乃至は条理であろうか。なお新しい法律第三百四十一号が同一の処罰規定を有することは旧法新令と共にその罰則がいわゆる限時法的性格のものでない証拠にこそなれ、これあるの故をもつて処罰法規廃止後においてその廃止前における違反者処罰の必要あることの理由に援用することは解散という意外な出来事に基いて生じた思わざる不体裁な法的空白状態の責任を刑法第六条の精神に従つてその処罰を免かれ得べき前記法条違反者に転嫁せんとするものであつて採るを得ないものである。これを要するに前記法条に関する限りこれをその廃止後において違反者に遡及して適用しうるいわゆる限時法と解することは到底許されない次第である」（東京高判昭二九・一・二一刑集七・一・八八）。

判例【10】の判旨に明らかなように、右の二判例は、内容的に一体のものである。すなわち、判例【10】において最高裁判所は、「公益事業令は、これをいわゆる限時法的性質を有する刑罰法令ということはできない」、という点に関する判例【11】の判断を正当であるとして支持したのであるが、その判断の内容は、判例【11】についてこれを見なければならない。しかし、判例【11】の論旨は、必ずしも十分明確なものではない。

判例【11】は、そのいわゆる限時法の「定義」なるものを三つ挙げ、公益事業令は、その何れにも当らないとしている訳であるが、その限時法の「定義」なるものは、限時法の概念と、その効力の問題を明確に区別して考えないところから、不明確なものになつている。判例【11】のあげる限時法の定義なるものの中、大体、第一のものが狭義の限時法に関するものであり、第二が広義の限時法に関するものといつてよいであろうが、第三の「当該処罰法規自体においてその有効期間を予定しており、その期間の経過によつてその法規は失効したが、その違反を処罰する法律的な見解には何らの変更なく、たとえ明文がなくとも失効後なお刑法第六条の適用を排除して従前の違反者を処罰することが社会通念において当然視されるような場合を意味する見解がある」というのは、前半は、狭義の限時法に関し、後半は、限時法の効力に関する一説に過ぎないとも解せられる。しかし、それに続く部分を読むと、当該処罰法規自体において、その有効期間を「予定」しているということに、特に意味が付与されていることが知られる。すなわち、法律第八十一号は、「日本国との平和条約」発効の日から一八〇日の期限を一応定めているが、その期間をおいた趣旨は、いわゆるポツダム命令は、その数も多く事情も相異なるので、個別的に検討して、その期間内にそれぞれこれを廃止するか存続させるか等の措置を講ずるための不確定な準備のためのものであるから、右の法律第八一号所定の一八〇日の期間は、予め本件刑罰法令の有効期間を予定したものとは解せられないというのである。また、それによつて、右の法律自体がその失効後における有効期間中の本件罰条違反者の処罰を予期していたとも、また違反者がそれを予想して犯罪を犯す危険があつたとも考えられない、としているが、狭義の限時法の概念の根本にある限時法の問題性を意識して、実質的に考察しようとしている点が注目される。しかし、本件にとつて重要な第二の、広義の限時法に関しては、「その処罰法規が一時的な平常と異なつた事態に対処するために制定されたものであつて、その後の事情の変更により、かかる一時的又は異常な事情の消滅又は変更等の事由によつてその処罰法規が失効した場合をいう」としているに過ぎない。この点は、判例【10】の上告理由の方が、判例のいう「限時法的性質を有する刑罰法令」の理解として、より明確であるようにも思われるが、しかし、すでに述べたように、判例のいう「限時法的性質」を有する刑罰法令の中には、狭義の限時法をいう場合もあるから、判例【10】の上告理由が、狭義の限時法の場合を除外するような言い方をしている点は問題である。

ともあれ、判例【11】も、「限時法」の定義を問題にしながら、前記罰条は、「決して右の各意味におけるいわゆる限時法的性格のものでな」い、というなど、限時法と限時法的性質を有する刑罰法令の区別を明確にしていないといつてよいであろう。その点で、次の判例【12】の反対意見が、一般に両者の区別を明確に意識しているものとして、注目せられなければならない。

【12】 (1) (上告趣意) 「第二点　原判決は最高裁判所判例と相異なる判断をしたから破棄されたい。

原判決は右の二つの最高裁判所判例と相異なる判断をしたから破棄され度い。(一) 昭和二三年(れ)第八〇〇号、同二五年十月一一日大法廷判決、物価統制令違反被告事件(＝前出判例【2】)。判決要旨……(略)……理由の要旨(イ)『告示の廃止は要するに果実の販売価格についての統制額の指定の廃止であつて、直接に、刑罰法規の廃止ではない』(ロ)『物価統制令は……いわゆる限時法的性格を具有する法規である』。この大法廷の判決の立場は、告示の廃止はあくまで事実問題であつて刑罰法規の廃止ではないとし、且つ、物価統制令は終戦後の一時的異常な事態に対処するための法規であるから限時法的性格を有するとしているのであつて、本件の如く新潟県公安委員会の規則の廃止は事実問題ではなく、法令の廃止であり、且つ道路交通取締法施行令は一時的な異常事態に対処するための法規ではなく恒久的な法規であるから限時法的性格を有するものではなく従つて右最高裁判所大法廷判決の趣旨からも原判決に於ては控訴棄却（免訴）の言渡がなされるべきであつたのである。この点相異なる判断をしている。

㈡　昭和二五年（あ）第二七七八号同三二年一〇月九日大法廷判決、関税法違反被告事件、同旨、昭和二七年（あ）第二四五六号同三二年一〇月九日、大法廷判決、関税法違反被告事件。判決要旨（略）……。理由要旨『政令第九九号の改正により昭和二八年一二月二五日以降奄美大島は外国とみなされなくなり、本邦の地域となり従つて同日以降は、本件公訴事実のような……（中略）……ことは、右政令九九号改正の結果として、何ら犯罪を構成しないものとなつたのであつて、これによつて右行為の可罰性は失われたものというべく、本件は、刑訴三三七条二号にいう「犯罪後の法令により刑が廃止されたとき」に該当するものと解しなければならない。』

即ち政令の改正は刑の廃止に該当するとするものである。従つて本件のように新潟県公安委員会規則の改正も刑の廃止に該当するものと言わなければならない。従つて原判決は正にこの最高裁判所大法廷の二判決と相異る判断をしている。

第三点　原判決は高等裁判所の判例と相異る判断をしたから破棄されたい。

一、原判決は被告人に対し科料参百円也の判決を言渡したが、同じ公訴事実について、(1)　東京高等裁判所昭和三三年（う）第一四三三号、昭和三三年一二月二三日、第六刑事部判決、(2)　東京高等裁判所昭和三三年（う）第一四三一号、昭和三四年一月二九日第四刑事部判決、はいずれも、道路交通取締法施行令第四十一条同第七十二条、新潟県公安委員会規則は、何れも限時法的性格を有するものではなく『刑の廃止』あつたものとして免訴の言渡をすべきであるとして、控訴棄却の判決をしている。このように原判決は前記高等裁判所判例と相反する判断をしている」。

(2)（判旨）「（上告趣意）第二点は判例違反をいうが、論旨引用の最高裁判所の各判例は、本件とは事案および適用法規を異にし、本件には適切でない。それ故、所論は前提を欠くものであつて、採るを得ない。

同第三点は判例違反をいうが、原判決が論旨引用の昭和三三年一二月二三日言渡の東京高等裁判所の判例に違反するものであることは所論のとおりである。（論旨引用の昭和三四年一月二九日言渡の東京高等裁判所の判決は、本件原判決言渡後のものであるから、刑訴四〇五条三号の判例には当らない。）しかし、当裁判所は次に述べるとおり、職権により調査し、本件は、刑訴三三七条二号により被告人を免訴すべきものに該当しないとの判断に到達した。それ故、論旨引用の前記判例は、本件判決により変更されることとなるものである。されば、所論判例違反の主張は、採ることを得ない。

二　当裁判所は、職権により、次のとおり判断する。

(一)　本件公訴事実は、被告人は法定の除外事由がないのに、昭和三二年一〇月一九日午前一〇時一五分頃、長岡市千手町一丁目六三一番地先附近道路において、第二種原動機付自転車の後部荷台に石田敏雄（当時二六才）を乗車させて運転進行したものであるというのであり、右は、本件行為当時の道路交通取締法施行令四一条により旧新潟県道路交通取締規則（昭和三一年新潟県公安委員会規則第一号）八条の制限に違反したものであることが明らかである。しかし、右取締規則は昭和三三年四月一五日新潟県公安委員会規則第二号（同日施行）をもつて全面的に改正され、その改正規則九条において、第二種原動機付自転車は除外され、本件のごとき場合は、その取締の対象にならないことになつたのである。よつて、この場合において、前記新潟県公安委員会規則の改正が、犯罪後の法令による刑の廃止に当るものとして、刑訴三三七条二号により、被告人を免訴すべきものであるか否かにつき考えてみる。」

㈢　そこで、前記道路交通取締法、同施行令の規定ならびに前記新潟県公安委員会規則および同規則の改正の関係をみると、道路交通取締法は、道路における危険防止およびその他の交通の安全を図ることを目的とするが（同法一条）、道路交通事情の実体に照らし、これがため必要な道路交通の規制の具体的内容をすべて法律または政令に規定することは適当でなく、その基本的な事項はこれを法律および政令において定めたが、実施上の細則的な具体的内容は、これを地方の実状に即応して定めることが妥当であるとの見地から、地方の実状に通ずる公安委員会の判断に委かせることとしたものに外ならない。すなわち、公安委員会は、前記法律、政令の範囲内において、その時々の実状に応じ、或いは制限を強化し、或いはこれを緩和し、必要かつ適切な道路交通の制限を実施することを委かされているのであつて、前記施行令四一条は、公安委員会の定める制限が、その時々の必要により、適宜変更あるべきことを当然予想し、同七二条は、行為当時の制限に違反する行為を（その違反行為の後において、右公安委員会の定めた制限の具体的内容が、その時々の必要により変更されると否とにかかわりなく）可罰性あるものとして処罰することとし、もつて道路交通取締法一条の目的を達成しようとしたものと解するを相当とする。このことは、前記施行令七二条三号が、同令三二条もしくは四〇条三項の規定に基づく制限または四二条四項の規定に基づく警察署長の処分に違反した者を、同様に処罰している点からも窺うことができる。そして、このように解しても、それは道路交通取締行政の実状と、それを考慮して定められた前記法律、政令、規則の法意とからみて、敢えて罪刑法定主義に反するものというべきものではない。また、前記施行令四一条、七二条を前記のごとき趣旨のものと解する以上、右公安委員会の規則を、右四一条の規定を具体的に充足する意味において、法規的性質を有するものであると解するとしても、この一事をもつて、前記四一条、七二条の規定が空白刑法的のものであるということにはならない。

(四) されば、道路交通取締法二三条一項、三〇条、同施行令四一条、七二条が、本件行為の後において改廃されなかつた以上、たとえ右施行令四一条の委任により公安委員会の定めた規則に改正があつたとしても、前記法律、政令、規則が(三)に述べたような性質のものであるから、右道路交通取締法、同施行令の罰則規定は依然存続していたものといわねばならない。そして、その後、道路交通取締法、同施行令を廃止して新らたに制定された道路交通法（昭和三五年法律第一〇五号）の附則一四条は、新法の施行前にした行為に対する罰則の適用については、なお従前の例によるとしているのであるから、その限度において道路交通取締法、同施行令の罰則規定はなお有効であつて、本件違反行為の可罰性は、今日に至るまで終始かわるところがないと解すべきである。

(五) それ故、本件においては、前述新潟県公安委員会規則の改正をもつて、本件行為につき、刑訴三三七条二号により犯罪後刑の廃止があつたとして被告人を免訴すべきものとは認められず、原判決は結局において正当である。」（最判昭三七・四・四刑集一六・四・三四七、〔研究〕八木胖「刑罰法規の追及効」法律のひろば一五巻六号三〇頁、山田弘之助「道路交通取締法規は限時法か」上智法学論集五巻二号九一頁）。

右の判決に対しては、藤田、河村（又介）、垂水、河村（大助）、奥野、高木の諸裁判官の反対意見がある。まず、垂水裁判官は、本件旧規則八条が改正規則で廃止された以上、刑の廃止があつたとして免訴の判決をすべきだとされるのであるが、その理由の中で、「限時法」に関し、次のように述べておられる。

(3) 「限時法とは、ドイツ刑法一九三五年六月二八日改正法律二条a三項『一定ノ期間ノ為ニノミ公布セラレタル法律ハ其ノ施行中ニ行ハレタル犯行ニ対シテ其ノ効力ヲ失ヒタル後ニオイテモコレヲ適用ス』というような法律をいい、そのいわゆる『一定ノ期間ノ為ニノミ公布セラレタル法律』とは、その理由書のいう『予め暦に従い又はその他の方法で一定の期間だけについて公布せられたもの』と解すべきだと思う。さもなくては国民の権利関係は明確にならない（一九三〇年イタリヤ刑法二条四項、一九三二年ポーランド刑法二条三項、一九三六年ルーマニア刑法三条も同様のようである）。

もちろん、論理上は、特別明文がなくても限時法であることが明らかな場合は限時法と解してもよい訳であるが、試みに『本件公安委員会改正規則は何年後に廃止されるのか』と裁判官または新潟県公安委員会委員等に尋ねるなら、その答は恐らく区々であろう。廃止されたか否かがかようにあいまいな法律に国民を服せしむべきでない。国会が刑罰法規施行中に行われたこれに触れる犯行をその廃止後にもなお処罰すべきものと考えるなら、すべからく立法当初から右ドイツ法のような明文を設けるか、または、刑罰法規廃止の際に『その施行当時行われた犯行の処罰についてはなお従前の例による』というような経過規定を設けるべきであり、国会は欲するなら容易にこれを設けることができるのである。本件は限時法ではない」（前掲、刑集一六・四・三五二）。

次に、河村（大助）裁判官は、特に「限時法的性格の有無」について、次のように述べられる。

(4)「本件刑罰法規は、施行期間が予め明定されていないから、所謂純正限時法でないことは明らかであり、また改正前の行為は従前通り処罰する旨の経過規定も存しない。問題はこの刑罰法規が、限時法に準ずる臨時的なものであるかどうかであるが、道交法ないし道交令が、都道府県公安委員会に規則制定の権限を委任している所以のものは、各地域の具体的事情に応じ適切な制限を設けさせる必要があるからであつて、この意味からすれば、事態によつては、臨時的措置をとる必要のある場合も起り得ることは明らかである。しかし、その措置に対応する事態にして近く変化することの予見できない性質のものは、概ね委員会規則に禁止規定を明定することになるであろうし、現に本件の規則改正前において『第二種原動機付自転車の二人乗り』は、これを除外されることが予見できたと認むべき客観的の資料は存在しない。のみならず、本件改正前の規則は、その改正まで二年有余に亘り実施されていた事実に徴しても、当初臨時的な禁止規定として成立したものでないことは明らかである。況んや交通事情の変更により『第二種原動機付自転車の二人乗り』は禁止を解かれるであろうという事情は、客観的に明白な形で現われるものではないから、刑の廃止を予想して違反行為が激増するという事態は考えられない。従って本件のような刑罰法規を限時法的性格をもつものの如く見ることは正当でない」(前掲、刑集一六・四・三五八)。

次に、奥野裁判官の反対意見は、「およそ犯罪を処罰するためには、犯罪行為の当時刑罰法規の存在することを要することは勿論であるが、処罰当時すなわち裁判当時においても刑罰法規の存することを要することが原則である。刑罰法規は行為規範であると同時に裁判規範でもあると解すべきであつて、裁判当時既に刑罰規定が廃止せられている場合は最早その行為を処罰することができないのであり、刑訴法三三七条二号はこの法理を明らかにしたものということができる」(前掲、刑集一六・四・三五九)というのであつて、限時法及び限時法的性格については次のように述べられる。

(5)「いわゆる限時法とは一定の期間施行するため発せられた法令であつて、裁判当時既に失効している場合でもその法令の施行期間中に行われた犯罪に対してその適用ありとするものである。しかし法令が既に失効した後、なおその法令によつて処罰する必要があるならば、宜しくその旨の経過規定を設くべきであり、かかる経過規定もなくして失効した法令により処罰せんとすることは罪刑法定主義又は成文刑法主義の重大な例外をなすものであるから、限時法なるものを是認するとしても極めて明白にその法令自体の性格からその趣旨が認められる場合に限定さるべきであると考える。単にかかる経過法規を設けることが立法技術上困難であるとか、立法者の主観的動機がそうであつたとか又は法令に『臨時』とか『当分の間』などの文句が附せられているとかいうような理由だけで、たやすく限時法令と断ずべきではない。道路交通取締法施行令四一条に基づく公安委員会の制限に関する本件規則には、当初から一定の有効期間が定められておらず、従つて純粋な意味において限時法令でないことは明白であるが、実質的に限時法的性格を有するものと解し得るか否かを検討するに、右施行令が公安委員会に乗車人員、積載重量、積載容量の制限を規定する権限を委任した所以のものは、各地域の具体的事情に応じ、かつ事情の変更に応じた適切な措置を採らせようとするにあることは疑を容れないところであり、又道路事情、交通事情は日時の経過と共に変化することは予見されるところではあるが、だからといつて公安委員会の本件規則が単に一時の目的のため制定されたものと解すべき根拠はなく、少くとも事情の変更しない限り、恒久的なものとして制定されたものと解するのが相当である。すなわち交通の安全上その必要の存する限り右規定の存続を予定されたものと解すべきである。そして事情の変化により法令が改廃さるべきことは一般法令の共通の性質であつて、これを以つて直ちに限時法令と認める根拠とすることはできない。然らば本件公安委員会規則が当初から有効期間を定めたものでもなく、また失効後なお従前の規定を適用する旨の経過規定も設けていない（道路交通法（昭和三五年法律第一〇五号）附則一四条によつても、その施行前既に廃止となつた本件規則第一号八条による罰則規定を適用することは不可能である）のであり、また本件規則の性格からも限時法令と解することはできないのであるから、前記二人乗車を禁止し、これを処罰する法規は既に廃止されたものと断ずるの外なく、従つて、その廃止された刑罰法規によつて有罪とすることはできないのであるから、本件は刑訴法三三七条二号により免訴の言渡をなすべきである」（前掲、刑集一六・四・三六一）。

藤田、河村（又介）両裁判官は、右の奥野裁判官の反対意見に同調される。

最後に、高木裁判官も、「右各法条が、純粋の意味における限時法でないことは、それの有効期間を法令自体の中であらかじめ定めていないことによつても窺い得るばかりでなく、実質的にも限時法的性格を具有するものとは考えられない」（前掲、刑集一六・四・三六六）として、次のように論ぜられる。

(6)「限時法は一般には主として、一時的異常の事態に対処するために定立される臨時法規をいうものと解されるが、道路交通の取締に関する道路交通取締法、道路交通取締法施行令、道路交通取締規則等一連の取締法規は、右法一条に明示する如く、道路における危険防止及びその他の交通の安全を図ることを目的とするのであつて、これら法規の目的とする道路交通の安全は、一時的必要性に因るものではなく、むしろ恒久的の必要に基づくものといえるからである。

むろん、交通機関の発達、各地方における交通事情の推移、危険度に対する取締目的からの評価の変動等に連れ、時を追つて、その規定内容に多少の改廃が施されるであろうことは免れないところであるが、そのことは、その他のあらゆる法規にも内在する通有性であつて、ひとり本件取締法規のみのもつ特有性であるとはいえない。

ことに本件における旧新潟県公安委員会規則の改正は、規則自体であらかじめ定められていた失効期間が到来したとか、その期間において必要とした取締事情が消滅したとかの事由に由るのではなくて、むしろ、第二種原動機付自転車というものの性能の発達（主として排気量の増大）により、その危険度に対する取締目的からの評価が変更したに因るものと解されるのであつて、一般法規の改廃の場合となんら区別すべきところはない。

しかも、これら取締事情の変更は、客観的に常に明白な形をとつて現われるのではなく、専ら合目的的な（従つて相対的な）行政官庁の認識と判断との中に微妙な形で現われるのであるから、当該事情の消滅時期の近づくに連れ、刑の廃止を予想して、違反行為の激増するような事態は全く考えられないし、またあらかじめ有効期間を法定しておくことも許されないのである。

このような性格をもつ法規までも限時法ないし限時法的性格を有する法規と解するが如きは、限時法に関して明文を欠く現行刑法の下において、濫りに限時法の観念を拡張するものであり、罪刑法定主義ないし法的安全という見地から許さるべきではない」（前掲、刑集一六・四・三六六）。

右の判例は、その上告趣意第三点にも一部述べられているように、全く同種の道路交通取締法施行令違反事件について、東京高等裁判所の四つの部がそれぞれ異なる考え方に基づいて判決を為し、結論的には、刑罰法規の追及的適用を認めて有罪としたもの二つ（東京高判昭三三・一二・二六最高裁刑集一六・四・三七五所収、東京高判昭三四・二・四東京高時報一〇・二刑九〇）と、これを認めないで免訴の言渡をしたもの二つ（東京高判昭三三・一二・二三東京高時報九・一三刑三一九、東京高判昭三四・一・二九東京高時報一〇・一刑七五）との二種の対立した判例となつていたものについて、最高裁判所の判断を示したもので、その意味で、最近におけるもつとも重要な判例の一つといえよう（右の四つの東京高等裁判所の判例については、八木胖「いわゆる限時法に関する四つの考え方――東京高等裁判所の四つの相異なつた判決に関連して」法律のひろば一二巻四号四頁以下参照）。

右の判例【12】について、八木（胖）博士は、その結論はまことに正当であり、理論的に考えれば正に当然のことである、とされながらも、「ただ、この判決の理由づけについて見ると、そこに若干問題として考えねばならぬ点がある」とされる。すなわち、右の判例が、公安委員会規則の制限の具体的内容の変更後もその以前における違反行為の可罰性を認めるについて、施行令は公安委員会規則による制限がその時々の必要により、適宜変更のあるべきことを当然予想しているものである、ということを根拠としている点に関する限り、右の判例は正しいものといわねばならない、とせられながらも、判決が「前記施行令四一条、七二条を前記のごとき趣旨のものと解する以上、右公安委員会の規則を、右四一条の規定を具体的に充足する意味において、法規的性質を有するものであると解するとしても、この一事をもつて、前記四一条、七二条の規定が空白刑法的のものであるということにはならない」とする点については、その論理は全く理解することができないばかりでなく、少数意見も論じているように、それは正に「空白刑法」であり、「白地刑罰法規」であるといわねばならない、とされる(八木・前掲三二頁)。確かに、何が故にとくに「空白刑法的のものではない」と断わる必要があつたか、問題である。

八木博士は、更に、右の判例が「道路交通取締法二三条一項、三〇条、同施行令四一条、七二条が、本件行為の後において改廃されなかつた以上」という前提をおいて追及的適用を認めている点は、右の判例における実質的な考え方と論理的に結びつかない不必要な形式論であり、基本法の存続如何は問題の解決の基本的な論点ではない、とせられ、少数意見については、それらは、要するに、いやしくも刑罰法規が廃止された以上、廃止の際の経過規定として、又は立法の当初から、その法自体に特に明文をもつて廃止後も旧法を適用して処罰する旨を規定していない限り、廃止後の適用を認めるべきではないという形式論に過ぎない、とされる(八木・前掲三二頁)。

しかし、限時法の問題について、実定法の規定の形式を重んずる考え方と、これを実質的に論定しようとするものとが対立するのは、この問題が、法の解釈と法秩序の修正との争に関する古典的な事例を示すものであるからであり、限時法の効力期間中の行為に対して、効力期間経過後においても法律の適用を為すことは、法の解釈ではなく法秩序の修正を意味し、それは、その裁判としてはあるいは望ましい結果に導くかも知れないが、法律生活全般に対しては悪い結果をもたらすこととなるので、許すべきではないというべきであろう（vgl. M. E. Mayer, Der allgemeine Teil des deutschen Strafrechts, 1915, S. 31 f.）。

最後に、前出判例【9】と全く同趣旨の判例ではあるが、とくにその少数意見において、前出判例【9】の(2)では「限時法」として論ぜられていたものが、最判昭二八・一二・一六刑集七・一二・二四六一、とくに二五〇二では、「いわゆる限時法的性格の法令」として論ぜられていることを指摘しておきたい。

(二)　限時法　本章のはじめに述べたように、判例【1】が、はっきり「限時法」という概念を用いて、限時法とは何かという問題を論じているほか、前節に、「限時法的性格」ということに言及した判例として引用したものの中にも、同時に「限時法」について論じているものが多い（判例【2】の(2)(3)、判例【3】の非常上告理由の(2)(4)、判例【7】、判例【9】の(2)、判例【11】及び判例【12】の(3)(4)(5)(6)）。したがつて、それらは同時に「限時法」の概念に言及した判例でもある訳であるが、以下では、端的に「限時法」の概念を用いた判例について見て行くことにする。

(1)　戦前の判例　まず、「限時法」という名称は、わが国では、次の判例以来一般に用いられるようになつたのである。

【13】（非常上告理由）「検事総長泉二新熊非常上告申立書古川区裁判所ハ本年七月十九日ノ略式命令ニ依リ被告人三浦良吉ハ牛馬商ナル処馬ノ飼養場所ノ在ル宮城県登米郡石森町長ノ許可ヲ受ケスシテ昭和十三年六月十七日同県栗原郡若柳町三浦勘平ヘ転売シテ引渡シ以テ馬ノ移動ヲ生セシメタルモノナリト認定シ臨時馬ノ移動制限ニ関スル法律第一条第二条及臨時馬ノ移動制限ニ関スル法律施行規則第二条刑法第十八条ヲ適用シ被告人ヲ罰金二十円ニ処シ罰金ヲ完納スルコト能ハサルトキハ金一円ヲ一日ニ換算シタル期間被告人ヲ

労役場ニ留置スル旨ノ裁判ヲ為シ該命令ハ本年七月二十九日確定シタリ然ルニ昭和十二年九月十日法律第八十九号臨時馬ノ移動制限ニ関スル法律第一条ニ依リ発セラレタル昭和十二年九月十四日農林・陸軍省令第一号臨時馬ノ移動制限ニ関スル法律施行規則第六条ニ第二条及第三条ノ規定ハ左ノ各号ノ一ニ該当スル馬ノ移動ニ之ヲ適用セスト規定シ其ノ第四号ニ徴馬管区ニ属セサル地域ニ飼養場所ノ在ルモノトアリタルヲ本年七月八日農林・陸軍省令第一号ヲ以テ之ヲ改メ同条第四号ヲ徴馬管区ニ属セサル地域又ハ第二（新潟県ヲ除ク）第六（大分県ヲ除ク）第七若クハ第八師管内ノ地域ニ飼養場所アルモノト変更シ本令ハ公布ノ日ヨリ之ヲ施行スト定メラレタルカ故ニ同日以降第二師管内ナル宮城県下ニ於テ行ハルル馬ノ移動ニ関シテハ同規則第二条ノ適用ナキニ至リタルトコロ右規則改正以前ナル本年六月十七日宮城県内ニ於テ発生シタル本件事実ニ対シ改正以後ナル七月十九日ニ同規則第二条ヲ適用シ略式命令ヲ発シタルハ適法ナリヤ否ヤ法令ノ適用上当ニ審究ヲ要スル事案ナリ仍テ按スルニ右法律第二条ハ所謂空白刑罰法規ノ一種ニ属スルモノニシテ此ノ罰則ノ内容タル罪ト為ルヘキ事実ヲ定ムル命令ハ固ヨリ同条ノ刑罰ノ種類及程度ヲ変更スルノ効力ヲ有セスト雖苟モ徴発ニ支障ヲ生スル虞アル馬ノ移動ニ関スル制限条件タル限リハ其ノ移動ヲ生スヘキ原因タル行為ノ構成要件竝ニ其ノ行為ノ時期及場所等ヲ適宜ニ規定シ又右法律ノ委任ノ存続スル限リ何時ニテモ右諸条件ヲ改廃スルノ権限ヲ有スルコト明白ナリ従テ右罰則ハ委任命令ノ改廃ニ随伴シテ罪ト為ルヘキ行為ノ構成要件竝ニ其ノ行為ノ時期及場所等ニ関シ内容的ニ変更セラルルコトアルヘク又之カ当然ノ帰結トシテ同条所定ノ罰則カ委任命令ノ改廃ニ因リ其ノ改廃前ノ行為ニ関シテ相対的ニ廃止ニ帰シ此ノ関係ニ於テ刑事訴訟法第三百六十三条第二号ニ所謂犯罪後ノ法令ニ因リ刑ノ廃止アリタル場合ヲ生スルコトアルヘキハ疑ヲ容レサル所ナリ尚茲ニ本案ノ場合ト所謂限時法（当初ヨリ特別ノ事情ニ基キ自ラ施行期間ヲ予定シ其ノ期間ノ経過ニ因リ当然消滅ニ帰スル法令）トノ区別ニ付テ注意スル必要アリ限時法ハ後法ニ因リ前法ノ刑ヲ廃止又ハ変更スル場合ト趣ヲ異ニシ其ノ所定期間経過後ノ行為ヲ全ク不問ニ付スルト同時ニ期間内ノ行為ハ後ニ於テモ尚之ヲ追

及スルニ因リ取締ノ目的ヲ達セントスルモノニシテ斯ル法令ノ違反ニ付テハ刑法第六条又ハ刑事訴訟法第三百六十三条ノ適用ナキモノト解スルヲ妥当ナリトス反之本案ノ場合ニ在リテハ叙上ノ如ク後ノ命令ヲ以テ前ノ命令ヲ変更シタルニ因リ空白刑罰法規ノ内容ノ一部カ縮少セラレタル結果トシテ当該行為ニ関シテハ犯罪後ノ法令ニ因リ刑ノ廃止アリタルニ帰スルモノナルカ故ニ彼此混同スヘカラサルハ明白ナリ」

（判旨）「所論被告事件ノ記録ヲ査閲スルニ古川区裁判所ハ昭和十三年七月十九日非常上告申立書記載ノ如キ略式命令ヲ発シ之ニ対シ被告人ヨリ正式裁判ノ申立アリタルモ同月二十九日被告人ハ該申立ヲ取下ケ茲ニ右略式命令ノ確定ヲ見ルニ至リタルコト明瞭ナリ然ル処昭和十二年法律第八十九号臨時馬ノ移動制限ニ関スル法律第一条ニハ政府ハ支那事変ニ際シ命令ノ定ムル所ニ依リ馬ノ移動ニシテ馬ノ徴発ニ支障ヲ生スル虞アルモノヲ制限スルコトヲ得トアリ第二条ニハ前条ノ規定ニ依ル制限ニ違反シタル者ハ一年以下ノ懲役又ハ千円以下ノ罰金ニ処ストアリテ即チ右第一条ハ馬ノ移動ニシテ馬ノ徴発ニ支障ヲ生スル虞アルモノノ制限事項ヲ定ムルコトハ挙テ之ヲ命令ニ委任シ右第二条ハ該委任ニ基ク命令ノ制限規定ニ違反シタルコトヲ以テ犯罪トシ之ニ科スヘキ刑罰ノ種類程度ヲ定メタルモノナルカ故ニ右第二条所定ノ刑罰ノ種類程度等ヲ変更スルコトハ命令ノ克ク為シ得ヘキ所ニ非スト雖モ苟モ馬ノ移動ニシテ馬ノ徴発ニ支障ヲ生スル虞アルモノノ制限事項タル限ハ総テ命令ヲ以テ之ヲ定ムルヲ得ヘク例ヘハ一定ノ行為ヲ制限スルト共ニ一定ノ場所ニ於ケル行為ニハ其ノ制限規定ノ適用ナキ旨ヲ規定スルカ如キコトモ亦命令ヲ以テ為シ得ヘキ所ナルコト勿論ナルノミナラス又如上事項ヲ定メタル命令規定ノ改正モ亦命令ヲ以テ自由ニ為シ得ヘキ所ナリトス而シテ右法律第一条ノ委任ニ基ク命令ノ改正アリテ前叙馬ノ移動ニ関スル制限事項ニ変更ヲ来シタル場合ニ於テハ右法律第二条ノ犯罪トシテ同条所定ノ刑罰ヲ科セラルヘキ行為ノ要件ニ変更ヲ生スヘキハ当然ニシテ若シ前ノ委任命令カ一定ノ行為ヲ制限スルト共ニ一定ノ場所ニ於ケル行為ニハ其ノ制限規定ヲ適用セサルコトヲ定メアリタル場合ニ後ノ委任命令ヲ以テ右ノ場所ノ外新ナル場所ヲ追加規定シタルトキハ其ノ追加規定セラレタル場所内ニ

於ケル行為ハ右制限規定ノ適用ヲ受ケサルニ至ル結果右法律第二条所定ノ犯罪構成要件ヲ具備セサルコトトナリ結局同条所定ノ刑罰ヲ科スヘカラサルニ至ルハ理ノ看易キ所ニシテ是即チ該行為ニ付テハ後ノ委任命令ニ依リテ刑ノ廃止アリタルニ外ナラサルナリ而シテ昭和十二年陸軍・農林省令第一号（昭和十二年法律第八十九号施行規則）ハ即チ右法律第一条ノ委任ニ基キ馬ノ移動ニ関スル制限ヲ定メタル命令ニシテ其ノ第二条ニ於テ馬ノ売買交換貸借又ハ其ノ周旋ヲ営業トスル者ハ馬ノ飼養場所ノ在ル市町村長ノ許可ヲ受クルニ非サレハ其ノ営業ニ関シ馬ノ移動ヲ生セシムルコトヲ得スト規定スルト共ニ其ノ第六条ニ於テ第二条（中略）ノ規定ハ左ノ各号ノ一ニ該当スル馬ノ移動ニ之ヲ適用セス（中略）四、徴馬管区ニ属セサル地域ニ飼養場所ノ在ルモノト規定シアリタル処昭和十三年七月八日公布同年陸軍・農林省令第一号ハ是亦右法律第一条ノ委任ニ基クモノニシテ右施行規則第六条第四号ヲ『徴馬管区ニ属セサル地域又ハ第二（新潟県ヲ除ク）第六（大分県ヲ除ク）第七若ハ第八師管区内ノ地域ニ飼養場所ノ在ルモノ』ト改正シ該省令ハ其ノ公布ノ日ヨリ施行セラレタルヲ以テ右施行規則第二条ノ制限規定ハ昭和十三年七月八日以降ハ第二師管内ニ飼養場所ノ在ル馬ノ移動ニハ適用ナキニ至リタルコト明カナリトス然ルニ本件略式命令ノ認定シタル所ニ依レハ被告人カ移動ヲ生セシメタリト云フ馬ノ飼養場所ハ第二師管内ニ属スルヲ以テ本件被告人ノ行為ハ昭和十三年七月七日マテハ右施行規則第二条ノ適用ヲ受ケ右法律第二条所定犯罪ヲ構成シ同条所定ノ刑罰ヲ科セラルヘキモノナリシモ同月八日以降ハ右施行規則第二条ノ適用ナキニ至リ従テ右法律第二条所定犯罪ノ構成要件ヲ具備セス同条所定ノ刑罰ヲ科スヘカラサルニ至リタルモノニシテ即チ右昭和十三年陸軍・農林省令第一号ニ依リ刑ノ廃止アリタルモノナルコト前叙説明ニ依リテ明白ナリト謂フヘシ」「本件非常上告ハ理由アルモノトス」（大判昭一三・一〇・二九刑集一七・八五六、〔研究〕草野・刑事判例研究五巻一三頁、美濃部・国家学会雑誌五三巻五号七二二頁、小野・判例評釈集一巻四二五頁、牧野・警察研究一〇巻一一号一頁）。

右の判例に関しては、諸家が意見を述べられている。すなわち、まず、小野博士は、いわば確定期限の存する場合に関する限時法と、何らかの臨時の必要によつて刑罰法規が制定され、それを必要ならしめる事態が一時的のもので、その事態の消滅により早晩廃止となる運命にあることは明らかであるが、しかしその廃止の時期が一定されていない「臨時法」とを区別せられ、臨時法いまだ必ずしも限時法として刑法六条・刑訴法三六三条二号の適用を阻却するものではないという意味で、本件判例を支持せられたが（小野・前掲四三四頁以下）、これに対して、美濃部博士は、本件「臨時馬ノ移動制限ニ関スル法律」は其の表題に於いても既に臨時と称しており、「基礎法たる法律自身が既に臨時法であるのであるから、其の委任に基づく命令も亦臨時法たることは勿論で」「仮令当初から一定の期限が指定せられて居るのではないにしても、斯かる一時の必要の為めにする制限は、所謂限時法の性質を有するものと解するのが、正当であらうと思はれる」とせられ、「七月七日までは第二師管内に於いても馬の移動が制限せられて居り、七月八日から其の制限が除かれたのであるが、それは是れまでは罪悪とせられて居た行為が罪悪と看做されなくなつたといふのではなく、是れまでは其の制限が必要であつたが、其の必要が失はれたといふのであるから、其の制限の必要であつた間に其の制限に違反した者は、処罰を免るるを得ないものと為すべきであらう」とせられ（美濃部・前掲七二四頁以下）、また草野氏は、「臨時馬ノ移動制限ニ関スル法律」第二条は「一時法たる性質を有する白地刑法なり」と解せられ（草野・前掲三一頁）、「一時法的白地刑法に在つては、其の内容たる他の規範に変更が加へられて刑の改廃を来したやうな場合でも、刑法第六条又は刑事訴訟法第三百六十三条を適用すべき限りでないのではあるまいか」とせられた

（草野・前掲三四頁）。また、牧野博士は、「この判例は、限時法に関する理論の実体を考慮するところなく、専ら法規の形式に就いて事を論じたものである点に非難を免れないものがある」（牧野・総論〔全訂版〕二四五頁）とせられるが、本件においては、「白地刑法の空白を充実する規範に関し、犯罪当時営業上馬の移動を生ぜしめる為めには市町村長の許可を必要とした区域が犯罪後の法令に因りこれを必要とせざる区域に編入せられ規範の適用せられる場所の変更があつたに止まり、市町村長の許可を受くべきことを内容とする義務規範そのものは何等の変更換言すれば制限も廃止もなかつたものと解すべきが故に、この場合に判例が犯罪後の法令に依り刑の廃止があつたものと為し」「たのは適当でない」（木村・法学九巻七号六七七頁註一九）。

なお、はじめにも述べたように、限時法という名称は、右の判例以来一般に用いられるようになつたので、特に右の判例の非常上告申立書における検事総長の「限時法」に関する見解が検討せられなければならないであろう。その場合、まず「限時法」なるものは、右の非常上告申立書において理解せられているように、当初より予め一定の効力期間を付与した刑罰法令に限られるか、換言すれば限時法の概念如何が問題であるが、更に、限時法にあつては、右の非常上告申立書に述べられているように、効力期間中の行為については、当然効力期間経過後においてもその法令の適用があるか、ということも問題である。しかし、これは、次章の問題としたい。

そこで、右の非常上告申立書における限時法の概念が問題であるが、次節において見るように、限時法の概念が事実上いかに多くの異なつた意味に用いられているかを考えると、それをもつて直ちに限時法の一般的概念なりとすることは、妥当ではないであろう。ただそれが、最狭義の限時法の概念であることに注意すべきである（木村・前掲六六八頁参照。大体同じ意味において限時法を理解するのは、M. E. Mayer, ibid. S. 31; Beling, Grundzüge des Strafrechts, 11. Aufl. 1930, S. 107; Lobe, Leipziger Kommentar, 5. Aufl. Bd. 1, 1933, S. 222; Rittler, Lehrbuch des österreichischen Strafrechts, 2. Aufl. 1. Bd. 1954, S. 41 等である）。

ところで、戦前の判例において、限時法ないし時限法の概念を使用した判例は、筆者の知る限りでは、右の判例【13】のほかには、次の判例があるだけである。

【14】（上告理由）「一、原判決ハ擬律錯誤アリ原判決ハ刑法六条ヲ適用シ上告人ノ犯罪行為中第二ノ（二）ノ行為ニ対シ当時旧法トシテ既ニ廃止セラレタル所謂九・一八ノ価格統制ニ系ル国家総動員法ノ各法条ヲ適用セラレタリ然レトモ刑法第六条ノ規定ノ適用アルハ第二ノ（二）ノ犯罪事実無ク然モ第一及第二ノ（一）ノ犯罪当時ノ法カ裁判当時ハ廃止セラレ之ニ代レル裁判当時ノ制裁法規ハ廃止ノ旧法ヨリ軽キ場合ニ新法旧法優先ノ例外規定ニシテ本件ノ如キ連続犯又ハ持続犯カ新旧両法ニ跨リタル場合ニ該当セスト信ス」

「二、原判決ハ理由不備ナリ仮ニ原判決カ正当トスルトキハ第二ノ（二）ノ行為ニ対スル超過価格ノ計算ハ原審判決ノ如ク新法ニヨリテ為スヘカラスシテ所謂九・一八法ニヨラサレハ軽キ旧法ヲ適用シタル趣意ヲ徹底セス然ルニ原判決ハ軽キ旧法ヲ適用ストシナカラ超過価格計算ハ昭和十五年三月二十九日東京府告示第三百二十四号ニヨリ指定セラレタル最終卸売価格ヨリ合計幾何ノ超過ナリトシ第二ノ（二）ニ掲クルオリエント無糖煉乳及ローヤル脱脂加糖煉乳ニ付キ所謂九・一八ノ実績価格ヨリ計算サレタル超過価格ヨリ一箱ニ付約二円ヲ過当ニ計量シテ合計金六千四百十余円ヲ超過セリト為セル為理由ニ齟齬アリト信ス」

（判旨）「判示連続犯カ新旧両法ニ跨リタルニ非ス又原判決カ刑法第六条ヲ適用シ新旧両法ヲ比照シタルハ単ニ改正セラレタル国家総動員法ノミニ関スルモノニシテ所論ノ如ク其ノ内容ヲ構成スル価格ノ点ニ迨ハサルコト原判文上明白ナリ所論九・一八価格又ハ昭和十五年三月二十九日東京府告示第三百二十四号ノ如キハ

所謂時限法ニ属シ刑法第六条ヲ適用スヘキ限リニ在ラサルナリ従テ原判決ニ所論ノ如キ理由齟齬又ハ擬律錯誤等ノ違法存在セス論旨孰レモ理由ナシ」（大判昭一六・一〇・一三評論三一諸法九七、大審院判決全集八輯三五号二五頁）。

右の判例の「時限法」という言葉は、限時法と同義に解してよいであろうが、それがいかなる意義において用いられているかは明確でない。ただ、この場合、「所謂九・一八ノ価格統制ニ係ル国家総動員法ノ各法条」の適用が問題となつて居り、その白地刑法の補充規範としての告示その他について言われているのであるから、広義の限時法が考えられているといつてよいであろう。

なお、判例【13】において、検事総長は非常上告申立書中において、本件はいわゆる限時法として刑法六条又は刑訴法三六三条二号の適用なきものとすべき場合ではないということを特にことわつているのであるが、大審院はその判決理由中において、何らこの点に触れていないのであるから、その意味では、次の判例【15】も判例【13】と同様に考えてよいようにも思われるので、参考までに引用しておこう。

【15】（上告理由）「原判決ハ擬律錯誤ノ不法アリ国家総動員法第十九条及ヒ同法第三十三条ハ所謂空白刑法ノ一種ニシテ其ノ罰則ノ内容タルヘキ罪トナルヘキ事実ハ価格等統制令殊ニ同令第二条及ヒ同令第七条ニ依ツテ行政官庁閣令ノ定ムル所ニ依ル当該官庁ノ価格指定処分ニ依リ決定スルモノナルコトハ同法令ニ依リ明カナリ而シテ本件ハ昭和十五年四月頃ヨリ同年七月頃迄ノ犯罪ナルコト右記事実ニ依リ明カナリ即チ本件犯罪当時ハ罪トナルヘキ事実ハ右価格等統制令第二条ニ依リ」「甘酒一合壜詰一本金三銭也ノ価格カ犯罪構成ノ分岐点トナリ同価格以上ノ売買ハ犯罪構成要件ヲ為シ之ニ該当シタル為メ（四銭五厘ニ値上ケシタル為メ）

検挙セラレタルモノナリ然ルニ右事件進行中タル昭和十五年九月二十日右価格等統制令第七条ニ依ル行政官庁閣令ノ定ムル所ニ依リ当該官庁タル愛媛県知事ノ公定価格ノ指定（中略）ニ依リ甘酒一合壜詰金四銭五厘ハ適法トナレリ是依観之ニ犯罪当時ノ法令タル令第二条ノ犯罪構成要件ハ昭和十五年九月二十日令第七条及ヒ知事ノ公定価格ノ指定ニ依ル犯罪構成要件ニ変更セラレタルモノニシテ即チ犯罪後ノ法律ニ依リ刑ノ変更在リタルトキニ該当スルモノナリト思料ス只問題トナルハ刑法第六条ノ犯罪後ノ法律ニ因リトハ或ル法律カ他ノ法律ニ依リ変更サレタル場合或ハ其ノ法律ノ消滅ノ場合ノミヲ指スモノニ非ス尠クトモ犯罪当時ハ処罰サルヘキ行為カ其ノ後最終判決確定ニ至ル迄ノ間ニ於テ刑ノ変更アレハ其ノ軽キニ依ル可キコトハ多言ヲ要セサルナリ殊ニ本件ハ限時法ニ関スル令第十八条但書ニ該当スヘキモノニ非サルコトハ価格等統制令ノ施行（効力）期間後ノ問題ニ非サレハ殆ント多言ノ要ナキナリ然ルニ原審ハ右刑法第六条及ヒ刑事訴訟法第三百六十三条ニ該当ノ本件犯罪ニ対シ敢テ同法ヲ適用セス被告人等ヲ罰金（有罪）ニ処シタルハ擬律錯誤ノ違法アルモノトス（昭和十三年十月二十九日御院第五刑事部判決集第一七巻第二二号御参照）」

（判旨）「輸出入品等ニ関スル臨時措置ニ関スル法律並ニ其ノ委任ニ基ク勅令其ノ他施行命令タル省令告示等ノ法規ニ改廃アリタル場合ニ其ノ改廃前ニ為サレタル犯行ニ付テハ改廃後ニ於テモ尚新旧法ノ比照ヲ為サスシテ依然行為時法ヲ適用シテ処断スヘク殊ニ指定物品ノ販売価格ノ如キハ当然販売当時ニ於ケル指定価格ヲ基準トシテ其ノ適正ナルヤ否ヲ決スヘキモノナルコトハ当院ノ判例トスル所（昭和十五年（れ）第一九一号同年七月一日判決、同年（れ）第一一号同年同月十八日判決、同年（れ）第二三一号同年同月同日判決参照）ニシテ斯ノ理ハ戦時又ハ事変ニ際シ人的及物的資源ノ統制運用ニ備フルコトヲ目的トシテ制定公布セラレタル国家総動員法並ニ之ニ基ク勅令其ノ他ノ命令ニ付テモ亦同一ニ解スヘク彼此其ノ解釈ヲ二三ニスヘキニ非サルコトハ両者カ規定ノ趣意精神ヲ同フシ又其ノ種類性質ヲ異ニセサルニ鑑ミ疑ヲ容レサル所ナリトス従テ本件ニ於テ被告人等カ昭和十五年四月頃ヨリ同年七月頃迄ノ間ニ当時ノ指定販売価格ヲ超エテ甘酒ノ売買ヲ為シ且其ノ代金ヲ授受シタルコト判示ノ如クナル以上其ノ後ニ至リ指定販売価格ノ変更セラレタルコト所論ノ如シトスルモ尚行為時法ニ従ヒ犯行当時ノ指定販売価格ニ依リ売買ノ当否ヲ決スヘキコト当然ナルカ故ニ原審カ判示ノ如キ擬律ヲ以テ被告人等ヲ処断シタルハ相当ナリト云フヘク原判決ニハ所論ノ如キ違法ナキヲ以テ論旨ハ理由ナシ」(大判昭一六・五・二二刑集二〇・三〇八、〔研究〕小野・評釈集四巻一一五頁)。

右の判例の上告理由では、ただ「本件ハ限時法ニ関スル令第十八条但書ニ該当スヘキモノニ非サルコトハ価格等統制令ノ施行(効力)期間後ノ問題ニ非サレハ殆ント多言ノ要ナキナリ」としているだけなので、その限時法の概念がいかなる意義のものであるか明らかでないが、しかし、広義の限時法の概念を前提とすれば、本件も限時法に関するものと考えられるから、逆に、右の判例の上告理由の前提している限時法の概念は、狭義のそれが意味せられていると考えてよいであろう。

ともあれ、戦前の判例においては、明示的に「限時法」の概念を使用し、その限時法の効力の問題として論じたものは、一、二の例外を除いては、ないといってよいであろうが、しかし、黙示的には、例えば次の二判例のように、戦後の「限時法的性格」に関する判例と同趣旨のものが存在する。

【16】 (上告理由)「被告人ノ本件犯行当時ノ法令ハ判決時ニ於テ既ニ廃止セラレタルヲ以テ原判決ニ於テ被告人ノ本件行為ハ昭和十三年九月商工省告示第二百六十一号ニ違背スルモノトシテ適用処断スルニハ判決時ノ商工省告示第一〇九号トノ関係ヲ明カニシ其ノ理由ヲ説明セサル可カラサル筋合ナリトス然ルニ原判決ハ何等此ノ関係ヲ明カニスルトコロナク漫然被告人ヲ昭和十三年商工省告示第二百六十一号ヲ適用処断シタルハ理由不備ノ違法アルト共ニ擬律錯誤ノ違法アルモノニシテ破毀ヲ免レサルモノナリト信ス」

(判旨)「昭和十三年十月一日ヨリ施行セラレタル同年商工省告示第二百六十一号(以下単ニ旧告示ト称ス)

ニ依レハ指定物品タル故又ハ屑ノ鋼及銑ニ付其ノ最終販売価格ヲ指定シ其ノ後昭和十四年六月一日ヨリ施行セラレタル同年商工省告示第百九号（以下単ニ新告示ト称ス）ニ依レハ右旧告示ヲ廃止スルト共ニ更ニ故又ハ屑ノ鋼及銑ニ対スル最終販売価格ヲ指定シタルカ右両告示ニ於ケル所謂故又ハ屑ノ鋼及銑其ノモノハ彼此同一物ヲ指称スルモノニシテ唯前者ハ単ニ故又ハ屑ノ鋼及銑ニ付一般的ニ一瓲ノ価格ヲ指定シタルモ後者ハ其ノ用途ニ応シテ各種ノ鋼及銑ニ細別シ夫々一瓲ニ対スル価格ヲ指定シタルニ過キサルコト右両告示ノ対比上明白ナリ故ニ新告示ニ旧告示ヲ廃止ストアルモ之レ旧告示ニ於ケル指定価格ヲ新告示実施以後更定スル旨ヲ明示スルニ止マリ旧告示実施当時ノ違反事実ニ関シ新告示以後之ヲ処罰セストノ法意ヲ表明セルモノト論スルヲ得ス加之輸出入品等ニ関スル臨時措置ニ関スル法律並ニ之ニ基キ発布セラルル勅令、省令、告示ノ如キハ支那事変発生以後ニ於ケル我国経済情勢ノ激変ニ際シ物資ノ需給ヲ調整シ適当価格ノ保定ヲ計ル為制定セラレタルモノニシテ特ニ右法律ノ委任ニ基ク勅令其ノ他施行命令タル省令、告示等ハ爾後ノ経済情勢ノ変転ニ随伴シ臨機改廃以テ時宜ニ適応センコトヲ予想シテ制定セラルルモノナルト同時ニ之等法令ノ改廃ニ因リ改廃前ノ法令違背ニ対スル制裁ニ影響ヲ及ホササルモノ反言スレハ改廃前ニ於ケル犯行ニ関シテハ改廃後ニ於テモ依然行為時法ヲ以テ処断スヘキ性質ノモノト解スルヲ以テ此ノ種法令ノ本質精神ニ正シク適合スルモノト謂フヘク原判決カ判示事実ニ付判示法令ヲ適用処断シタルハ全ク右ト同趣旨ニ出テタルモノニシテ」「所論ノ如キ理由不備擬律錯誤ノ違法アルモノト為スヲ得ス」（大判昭和一五・七・一八刑集一九・四五七、〔研究〕小野・判例評釈集三巻二一〇頁、牧野・警察研究一二巻一号一頁、美濃部・国家学会雑誌五四巻一二号一六二三頁、安平・法学新報五一巻七号一〇六五頁）。

【17】「輸出入品等ニ関スル臨時措置ニ関スル法律ハ支那事変ニ関連シ国民経済ノ運行ヲ確保スル為ニ必要ナル措置ヲ為スコトヲ目的トシテ（第一条第二条）規定セラレ而モ支那事変終了後一年内ニ廃止セラルヘキ法律（附則）トシテ社会情勢経済事情ノ変動ニ伴ヒ適切ナル措置ヲ命令ニ委任シタルモノナルカ故ニ其ノ命令ノ屢変更セラルルコトアルヘキハ当初ヨリ予想セラレ而モ事犯アリタルトキハ即時ニ之ヲ処罰シ以テ其ノ

趣旨ヲ達成スヘキモノナレハ其ノ発覚カ遅レ又ハ裁判ノ進行中ニ於テ命令ノ変更セラルルコトアリトスルモ其ノ本来ノ目的トスル処ハ行為時法ヲ適用スルニアルヲ以テ新旧法ヲ比照スルノ論議ヲ容ルルノ余地ナキモノトス今之ヲ国家総動員法附則末項昭和十三年商工省令第六十八号昭和十四年商工省令第十二号昭和十四年商工省令第四十三号石炭販売取締規則末項昭和十三年商工省令第百号揮発油及重油取締規則中改正附則末項……等ノ立法例ニ徴スルニ孰レモ法令ノ変更アリタルニ拘ラス行為時法ヲ適用スヘキコトヲ規定セルノ類例ヨリ推測スルモ臨時措置ニ関スル立法ノ趣旨ヲ知ルヲ得ヘク仮令斯ル明文ナキモノト雖同趣旨ニ解スヘキハ当然ナリトス況ンヤ昭和十三年商工省告示第二百六十一号昭和十四年商工省告示第百九号ハ共ニ昭和十三年商工省令第五十六号物品販売価格取締規則第一条ニ基クモノニシテ該規則ハ昭和十四年勅令第七百三号価格等統制令第十九条ニ依リ廃セラレタルモ同条末段ノ規定ニ依リ行為時法ヲ適用スヘキ旨規定アルヲ以テ原判決ニハ所論違法ノ点ナク論旨ハ理由ナシ」（大判昭一五・七・一八刑集一九・四七〇、前出【20】とは別事件、〔研究〕小野・判例評釈集三巻二一八頁、美濃部・国家学会雑誌五四巻一二号一六二三頁、田中二郎・法学協会雑誌五九巻七号一一五一頁）。

右の二判例について、美濃部博士、田中（二郎）教授は、同趣旨の大判昭一五・七・一刑集一九・四〇一＝【39】とともに、判旨いずれも正当である、とせられるが（美濃部・前掲一六二四頁、田中・前掲一一五一頁）、小野博士、日沖教授は、大審院が結論において上告論旨を斥けたのは正当であるが、その判決理由において「臨時措置法に基く勅令、省令、告示の改廃があつても常に行為時法を以て処断すべし、換言すれば刑法六条に依る新旧法の比照は必要でない、としている見解には重大なる疑問があるとされる（小野・前掲二一二頁、日沖・判例評釈集三巻一八四頁）。すなわち、この場合、問題は告示の変更を法律の変更と見て刑法六条による新旧法の比照をなすべきか否かであるが、小野博士並びに日沖教授の見解によれば、「告示」は刑法六条にいう「法律」ではない。しかし、刑法六条にいう「法律」とは、もちろん憲法にいう「法律」のみをいうのではなく、勅令・省令等は含むのである（小野・前掲二一三頁、日沖・前掲一八四頁）とされる。

なお、判例【16】について、小野博士は、「我が邦において近時支那事変によつて生じた臨時立法を『限時法』として性格づけ、其の廃止後における適用処罰を主張する学者がある。それらの学者は本判例によつて其の主張が承認されたものと解し、臨時馬ノ移動制限ニ関スル法律に関する先の判例＝【13】は、之によつて自ら変更されたものとしているようである（牧野・警察研究一二巻一号一七頁、美濃部・国家五四巻一二号一二三頁）。しかしこれは、両者の間における具体的差異について十分の検討を加ふることなく独断的な一般化を試みてゐるものに外ならない」とされ（小野・前掲二一六頁）、本件は「法律」の変更ではなく「告示」の変更であり、そこに刑法六条の適用を要せざる所以があるが、「仮にこれが『法律』の変更であつたとしても、本件の事案に関する限り、限時法の問題はない。被告人が屑の銑を販売した価格は旧告示に依る指定価格を超過するのみならず、新告示に依る指定価格をも超過してゐる」「即ち新告示を適用するとしても被告人の行為は犯罪を構成するのである。苟くも判例を研究すると称する者が何故かかる具体的差異を検討しないのであろうか（田中二郎・法協五九巻七号一一四五頁以下も、此の点杜撰である）」とせられている（小野・前掲二一七頁）。

なお、判例【17】についても、「告示」の変更が問題であるのに、わざわざ「命令」をとりあげている大審院の説示は、学者の限時法論に誘われたものと思うが、全く無用な抽象論と謂わざるを得ないとされる（小野・前掲二二〇頁）。

(2) 戦後の判例　戦後の判例として端的に「限時法」の概念を用いた、あるいはそれに言及した判例としては、はじめに述べた判例【1】のほかに、前節「限時法的性格」において引用した判例【2】の(2)(3)、判例【7】、判例【9】の(2)及びそれに対する真野裁判官の補足意見、判例【11】及び判例【12】の(3)(4)(5)(6)が参照せられなければならない。そして、最高裁判所の判例としては、右に述べた判例【2】、【7】、【9】、【12】のほかには、最判昭二九・五・一四刑集八・五・六九一及び次の判例が、その主なものであるといつてよいであろう。

最判昭二九・五・一四刑集八・五・六八六は、前出判例【2】と同趣旨の判例であるが、それに対する栗山裁判官の少数意見の中で、「右従前存した小麦の売買を制限する規定は、これをいわゆる限時法と解すべき要件も理由もないのである」とせられている（刑集八・五・六九一）。右に引用した以外に何も説明せられていないが、前出判例【2】との対比から、それが狭義の限時法を前提としての議論であるということがいえるであろう。

【18】 (1) 「被告人ら四名に対する本件公訴事実は、被告人らは共謀のうえ、昭和二六年五月一日午前一一時二〇分頃静岡市公安委員会の許可を受けないで、同市追手町静岡コート入口前から市役所前までの間の道路を多数の者と共に示威行進したというのである。すなわち、右被告人らの行為は昭和二三年一二月二一日静岡県条例第七四号、示威運動取締に関する条例二条に違反するものとして同六条の罰則の適用を求められたものである。

そして同条例二条は、『示威運動にして道路を徒歩又は車馬をもつて行進又は占有しようとするものは所轄の市町村の公安委員会の許可を得なければこれを行うことはできない』と規定し本件のごとき示威行進を行うにはあらかじめ静岡市公安委員会の許可を受けることを必要としているのである。

しかし、昭和二九年七月一日、警察法（同年法律第一六二号）の施行によつて、市町村の自治体警察及び公安委員会は廃止せられ、前記静岡県条例二条において本件示威行進に関して許可を所管事項とする静岡市公安委員会も、右警察法の施行に伴つて廃止せられたのであつて、今日においては、同条例において本件のごとき示威行進に関して許可を管掌する行政庁は存在しないこととなつたのである。……（中略）……

とすれば、右静岡県条例は、少くとも同二条に関するかぎり、すでに、死文化したものというの外なく、従つて同条の違反を処罰する同六条の罰則も今日においてはその適用の余地はなく効力を失つたものといわなければならない。すなわち本件公訴にかかる犯罪事実については、刑訴三三七条二号にいわゆる『刑が廃止された』場合に該当するものと解すべきであり、被告人らに対しては同条を適用して免訴の言渡を為すべきものである」。

「右は裁判官田中耕太郎、同斎藤悠輔、同池田克、同下飯坂潤夫、同高橋潔、同石坂修一の反対意見を除く外全裁判官一致の意見によるものである」。

(2)　（反対意見）「裁判官斎藤悠輔の反対意見は、次のとおりである。

刑訴四一一条五号にいわゆる『判決があつた後に刑の廃止があつたこと。』とあるのは、刑訴三三七条二号にいわゆる『犯罪後の法令により刑が廃止されたとき。』と同義であつて、上告審においては、犯罪後ことに原判決があつた後の法令により明示又は少くとも黙示をもつて、既に発生、成立した刑罰権を特に放棄したときを指すものである。すなわち、……（その詳細は、判例集七巻七号一五八〇頁、一五八一頁（＝前出判例【12】の(2)）参照）。

しかるに、本件では、昭和二九年七月一日警察法の施行によつて市町村の自治体警察及び公安委員会は廃止され、本条例二条において本件示威行進に関して許可を所管する静岡市公安委員会も廃止され、これに代るべき機関の判定もなく、今日では本件示威行進に関して許可を管掌する行政庁は存在しなくなつたというだけであつて、本条例二条（示威運動にして道路を徒歩又は車馬をもつて行進又は占有しようとするものは、……（略）……）は、もちろん、同条例六条（第二条の規定に違反し公安委員会の許可なくして示威運動を行つたもの……（略）……は、六箇月以下の懲役若しくは禁錮又は三万円以下の罰金に処する。）も廃止されたのではないというのである。すなわち、静岡県令が廃止された静岡市公安委員会に代るべき機関を指定しさえすれば、本条例はそのまま完全に適用される状態にあるというのである。従つて、本条例二条に従つて許可を得ようとして申請をしたが、市町村の公安委員会がないために許可を得られなかつたような場合は、同条例六条の適用ありや否やは問題であるが、本件のように初めから許可申請をする意思もなく、許可申請もせず、従つて、許可なくして示威運動をしたような場合においては、現在でも処罰の対象にならないと即断することはできない。されば、本件刑罰権を発生、成立せしめた原因となつた法規並びにその可罰性は、現在においても依然として存在しているといわざるを得ない。それ故、多数説の免訴説は、既にその前提において失当であるといわなければならない。のみならず、そもそも、本件のごときいわゆる公安条例は、その時代における社会状勢に応じて必要とされるいわゆる限時法に属するものと解するのが相当である。従つて、仮りに、本条例が廃止され又は将来廃止されることがあるとしても、既に発生、成立した刑罰権を暗黙に放棄したと見るべきでない。この点からも多数説は法の本質を弁えないものといえよう」。

「裁判官田中耕太郎、同池田克、同下飯坂潤夫、同高橋潔は斎藤裁判官の意見に同調する。

裁判官石坂修一の反対意見は次の通りである。

斎藤裁判官の反対意見中、本条例が違憲であるか否か、本条例二条にしたがつて、所論の如き示威運動に対する許可を申請したが、市町村の公安委員会がないためその許可を得られなかつた場合に、同条例六条の適用があるか否かの問題及び本条例は所謂限時法に属するか否かの問題に対しては、意見を示すことをしばらく留保し、その余の点については、同反対意見に賛同する」（最判昭三五・七・二〇刑集一四・九・一二二八、〔研究〕田原・法曹時報一二巻九号一二六四頁）。

右の判例について、田原氏は、警察法の立案者は静岡県条例だけはその経過規定でまかなえないことを知つていて、静岡県にサゼッションを与え、しかるべき経過措置が講ぜられるものと期待したが、静岡県当局は何らの措置をもとらなかつたという事情があり、「静岡県条例二条も六条も形の上では存在しているけれども、静岡県当局が簡単に経過規定の手当さえすれば問題はないのに、その手当をしなかつた点にかんがみ、刑罰権を放棄したものとみざるを得ないであろう」とされるが（田原・前掲一二六八頁）、しかし、一般的には、斎藤裁判官の反対意見に述べられているとおり、「本件刑罰権を発生、成立せしめた原因となつた法規並びにその可罰性は、現在においても依然として存在しているといわざるを得ない」。しかし、同じく斎藤裁判官の反対意見に述べられているように、そもそも本件のようないわゆる公安条例を、「その時代における社会状勢に応じて必要とされるいわゆる限時法に属するものと解するのが相当である」かどうかははなはだ疑問である。したがつて、「仮りに、本条例が廃止され又は将来廃止されることがあるとしても、既に発生、成立した刑罰権を暗黙に放棄したと見るべきでない」とされる点には、到底従うことはできない。

右の判例の反対意見の中に開陳せられた「限時法」の概念は、いわゆる「限時法的性格」を具有する法規、といわれる広義の限時法の概念よりも、更に漠然としたものであることに注意すべきであるう。

すでに述べたように、戦後の最高裁判所の判例として、端的に「限時法」の概念を用いた、あるいはそれに言及した判例としては、前節「限時法的性格」において引用した判例【2】【7】【9】【12】のほかには、右に引用した判例【18】が、その主なものであるといつてよいであろうが、しかし、高等裁判所の判例の中には、最初に引用した判例【1】をはじめとして、前節「限時法的性格」において引用した判例【11】のほかにも、次のようなものがある。すなわち、名古屋高判昭二四・七・一二刑集二・一・四四、名古屋高判昭二四・九・六特報一・一一〇、東京高判昭二六・一〇・三特報二四・一〇七、札幌高判昭二七・一〇・一六刑集五・一一・一九七三、広島高判昭二八・一・二〇特報三一・六三＝【21】、福岡高判昭二八・三・一八特報二六・一〇四＝【19】、広島高判昭二八・一一・二〇刑集六・一三・一八三五＝【20】、東京高判昭二九・四・二一東京高時報五・四刑一三三が、その主なものであるが、右の諸判例の中で、狭義の限時法の概念を使用していると解せられるのは、次の判例だけである。

【19】「右南西諸島ロノ島は北緯二九度五〇分、東経一二九度五四分の地点に位し、元来日本内地の一部であつたのであるが、昭和二四年法律第六五号関税法の一部を改正する等の法律（それ以前の法令改廃の経過は省略する）によつて改正された関税法第一〇四条は、『本法ノ適用ニ付テハ本州、北海道、四国、九州及命令ノ定ムル其ノ附属島嶼以外ノ地域ハ当分ノ間之ヲ外国ト看做ス』と規定し、この規定に基き、昭和二四年五月二六日大蔵省令第三六号第一条第四号は『北緯三〇度以内の南西諸島（ロノ島を含む）』を右附属島嶼から

除外した結果、右ロノ島も亦関税法の適用上外国と看做されていたのである。ところが、昭和二七年四月七日政令第九九号は、この点について『北緯二九度以南の南西諸島（琉球諸島及び大東諸島を含む）』を以て関税法第一〇四条に規定する地域と定め、右政令は平和条約発効の日（同年四月二九日）から施行せられたので右ロノ島は同日以後関税法の適用上外国ではなくなつたのである。

思うに、関税法第一〇四条の規定は、関税法の適用上本来我が国の領土であつた地域の一部を外国と看做したもので、罰則の適用についていえば、同条はこれに基づく命令の規定と相俟つて輸出入に関する一定の行為が犯罪を構成するための一つの要件を定めたものであり、同法に定むるその種の刑罰法規の内容を為すものといわなくてはならないのである。前叙のように、右昭和二七年四月七日政令第九九号の施行によつて、南西諸島に関しては、外国と看做される地域が北緯三〇度以南から北緯二九度以南と変更せられた結果、本件ロノ島を含むその間に位置する地域については、我国との間に輸出入の観念がなく、従つて無免許輸出入罪の成立要件がなくなつたのであり、この地域における無免許輸出入に対する刑罰法規は廃止されたことに帰着するのである。しかも右関税法第一〇四条を以ていわゆる限時法と解する根拠はないから、本件は刑事訴訟法第三三七条第二号の定むる犯罪後の法令により刑が廃止されたものとして免訴の言渡を為すべき場合に該当するのである」（福岡高判昭二八・三・一一八特報二六・一〇三）。

右の判例において、限時法に関しては、「右関税法第一〇四条を以て、いわゆる限時法と解する根拠はないから、本件は刑事訴訟法第三三七条第二号の定むる犯罪後の法令により刑が廃止されたものとして免訴の言渡を為すべき場合に該当する」とせられているだけであるが、もし広義の限時法の概念を前提とすれば、「いわゆる限時法と解する根拠はない」ともいえないので、そこから逆に、右の判旨は、狭義の限時法の概念を前提とするものと解せられる。

それでは、右の判例のように、広義の限時法に関する事案について、その限時法たることを否定するものは、すべて狭義の限時法の概念を前提とするといえるであろうか。

前に挙げた高等裁判所の諸判例のうち、当該刑罰法令の限時法たることを否定するものに、前出判例【19】のほか、広島高判昭二八・一・二〇特報三一・六三、広島高判昭二八・一一・二〇刑集六・一三・一八三五、東京高判昭二九・四・二一東京高時報五・四刑一三三があるが、それが必ずしも狭義の限時法の概念を使用するものといえないことは、以下に見られるとおりである。

【20】「論旨は要するに、本件の適用法令である昭和二五年政令第三四三号公益事業令は、いわゆるポツダム政令であつて、その効力は占領期間中に限られ占領終了の暁には失効することに当初から宿命付けられたいわば不確定期限付の占領法規であるから、いわゆる限時法に属することが明らかであり、従つてその失効後も行為当時の同令を適用して処断すべきものである。なお、同令が一旦失効となつたのは、違反行為に対する法律的評価ないし法律感情に変更があつて処罰価値がなくなつたとされたためではないのであるから、本件は刑事訴訟法第三三七条第二号の『犯罪後の法令により刑が廃止されたとき』には当らない。従つて原判決が被告人に対し免訴の言渡をしたのは法令の解釈適用を誤つた違法があるというのである」。

「さて、公益事業令は果して所論のように限時法と認むべきものであつたであろうか。いわゆる限時法については現行法上何等の明文規定も存せず、学説もまた区々に分れて定説というべきものはない状態である。なるほど同令は前記のようにポツダム政令として制定されたとは言え、これをその実質について見るときは、従来の電気事業法及び瓦斯事業法の両法律に代るべきものであつて、単に所論のように占領期間中の一時的臨時的な性格を有するに過ぎない占領法規であつたとのみは解することのできないことは、同令は公共の福祉を増進することを目的として制定せられたものであり、その公布施行と同時に右両法律が廃止せられ、更に占領終了後法律第八一号を以て一定期間これを法律化すると共に法律として存続せしめる手続がとられたが、目的を達しなかつたので更に右法律の定める一八〇日間の期間経過後ではあつたが昭和二七年一二月二七日に至り前記のように法律第三四一号電気及びガスに関する臨時措置に関する法律として復活するに至つた前記事情に徴しても明らかなところである。

次に公益事業令は前に説明した様に法律第八一号によつて同法施行の日から起算して一八〇日間法律として効力を有するに至りその期間の経過とともに失効したものではあるが、右のように一八〇日の期間が定められたのは所謂ポツダム命令の改廃又は存続に関する措置の第一段としてとられた手段であつて、政府は第二段としてその期間内に公益事業令を法律として効力を生ぜしめる手続をとつたのであるがその目的を達しなかつたため一時失効するに至つたものであり、同令を右期間の経過と共に失効せしむる意図がなかつたことは明らかであり、従つて同令に関しては失効の期間が予め明示されていたため訴訟遅延によつて刑罰を免れる工作をする虞はなかつたものといわねばならない。なお、その後の法律において公益事業令失効後も失効前の違反行為を処罰する旨の規定がなされていないことも前記のとおりである。以上の事実を綜合して考えると、如何なる方面から見るも公益事業令をもつて限時法としてその失効後も尚従前の刑罰法令により処罰を認めるものと解することはできない」（広島高判昭二八・一一・二〇刑集六・一三・一八三五）。

右の判例は、前出判例【10】および【11】と同じく公益事業令に関する、それらと同趣旨の判例であるが、判例【10】および【11】と対比して考えると、右の判例のいう「限時法」の概念は、いわゆる「限時法的性格」の刑罰法令のことであり、広義の限時法の概念が考えられているといつてよいであろうが、公益事業令は、その外観においては「限時法的性格」の刑罰法令のようにみえるが、その実質は、「これをいわゆる限時法的性質を有する刑罰法令ということはできない」というのが、これらの判例の結論であるといつてよいであろう。そして、右の判例も「同令に関しては失効の期間が予め明示されていたため訴訟遅延によつて刑罰を免れる工作をする虞はなかつたものといわねばならない」と述べて、限時法の問題性を意識して実質的に考察しようとしている点が注目される。

なお、東京高判昭二九・四・二一東京高時報五・四刑一三三も、前出判例【11】、【20】と同じく公益事業令に関する同趣旨の判例であるが、「公益事業令は、その当初の制定形式においては」「占領下の一時的特殊事態に対処するための法規であるかの外観を呈しているのであるが、その故に直ちに同令が所論の様に一時的特殊事態に対処して制定されたものと即断するを得ないのであつて、同令が所謂限時法であるか否かは同令の性格内容は勿論、それが制定された経緯或は失効するに至つた事情等を検討して決しなければならない」とし、結論として、「公益事業令はポツダム政令の形式をもつてはいるが、実質的には恒久法規であつて、決して占領という一時の異常事態乃至は臨時的必要に対処する為に制定された暫行的法令ということを得ない。従つて同令は、その性質上、……(略)……同令が占領終結により当然失効するものと考え、その失効を予期して同令違反の所為に出で或は右失効による免責を目的とする訴訟遅延を企図する虞は毫も存しないのであつて、同令を限時法と解すべき実質的根拠がない」としている。

右の判例の限時法の概念も、公益事業令は「決して占領という一時の異常事態乃至臨時的必要に対処するために制定された暫行的法令ということ」ができないとしていることから、やはり「限時法的性格」の刑罰法令すなわち広義の限時法が考えられているといえよう。なお、以上は、いずれも公益事業令に関する判例であるが、次は、岡山県製糸原料移出許可条例に関する同趣旨の判例である。

【21】「岡山県製糸原料移出許可条例が昭和二十三年三月一日公布施行せられ僅かに二年に満たずして翌年十二月二十三日廃止せられたこと、右条例の有効期間中に行われた被告人猪頭、鳥越の本件条例違反の所為につき、原審が右条例の廃止を以て刑の廃止と解し、刑法第六条、刑事訴訟法第三百三十七条を適用し免訴の言渡をしたことは所論の通りである。検事は同条例を以て三椏皮の紙幣製造用としての官需に対する供給を確保するために制定公布せられたもので、若し将来その生産が増加し容易に官需が充たされる状態が到来すれば、当然に廃止せらるべきものであるから、全く臨時緊急の一時的要請に基いて制定せられた限時法規であると主張し同条例違反の本件所為につき免訴の言渡をした原判決を非難するのであるが、同条例は臨時物資需給調整法、物価統制令、食糧管理法等の如く、その法規の名称自体により、或は『本令は終戦後の事態に対処し云々』なる法の目的の宣言により、或は改正ないしは廃止前の旧法規の追及効を規定することによつて、それ等の法規が異常変則な一時的状態に対処するための法規で、異常状態の解消により、早晩廃止せらるべきものであることを明示している場合とは大いに異なり、この種の明文を全然欠いているのは勿論のこと、その法規全体を仔細に検討して見ても検事所論の如き限時法的性格を認め得る片鱗すらも見出し得ないのである。ただ同条例が公布後二年を出でずして廃止せられていることから判断すれば立法者の意思は検事所論の通りであつたかも知れないがその立法者の意思は成文の上にその片鱗をも現わしていないのであつて全く隠れた意思に過ぎない。かくの如く法規の成文から全然遊離した立法者の意思のみを以て同条例の性格を決定しこれを限時法規なりと解釈しその追及効を認めることは著しく法の安定性を害するものといわ

なければならない。一般に限時法を認める根拠として、違反者がその法規の廃止を予測して施行期間の終末に際し、敢えて違反行為を為し、かつ訴訟の遷延によつて、不当に科刑を免れんとするもののあることを挙げ、その取締を強調するのが常であるが、それは法規の明文ないしはその精神から、その廃止の時期が一般に予測可能な場合に限り、本条例の如く一般には事前にその予測困難な場合にまでかかる悪質者のあることを想定し、その追及効を認めるわけには行かない。原審が検事の限時法の主張を排斥し本条例の追及効を否定し、刑法第六条、刑事訴訟法第三百三十七条を適用し、本件条例違反の所為につき、免訴の言渡をしたのは正当であつて検事所論のような違法はない」（広島高判昭二八・一・二〇特報三一・六三）。

右の判例が、岡山県製糸原料移出許可条例をもつて限時法であるとする検事の主張を排斥し、その追及効を否定している点は全く正当である。しかし、右の判例も、「検事所論の如き限時法的性格」の有無を主眼として限時法の概念を考えている点では、やはり広義の限時法の概念を主としているといつてよいであろう。しかし、他方「一般に限時法を認める根拠として、違反者がその法規の廃止を予測して施行期間の終末に際し、敢えて違反行為を為し、かつ訴訟の遷延によつて、不当に科刑を免れんとするもののあることを挙げ、その取締を強調するのが常であるが、それは法規の明文ないしはその精神から、その廃止の時期が一般に予測可能な場合に限り、本条令の如く一般には事前にその予測困難な場合にまでかかる悪質者のあることを想定し、その追及効を認めるわけには行かない」としている点で、狭義の限時法の概念に接近しているということもできよう。判例のいう「限時法的性格」の刑罰法令、すなわち広義の限時法の概念を認めること自体問題であるが、仮にそれを認めるにせよ、右の判例のいうように、それを明文の根拠のあるものに限定することは法的安定性の見地から最小限必要であろう。

以上、広義の限時法に関する事案についてその限時法たることを否定する高等裁判所の判例が、必ずしも狭義の限時法の概念を使用するものといえないことを見てきたのであるが、それは、いわゆる「限時法的性格」の刑罰法令という漠然とした広義の限時法の概念に対して、当該法令を実質的に検討して、あるいは明文上の根拠ということで限定して、その拡張を制限しようとする正当な努力であるということもできよう。そして以上の諸判例が、程度の差こそあれ、いずれも狭義の限時法の概念の根底にある限時法の問題を意識し、それをもつて「限時法と解すべき実質的根拠」と考えていることが注目される。その意味で、次の二判例のように、限時法的性格の刑罰法令すなわち限時法と考えているものと区別して考えなければならないであろう。

【22】「政令第二〇一号は、暫定的のもので法律と同一の効力があることは前記説明の通りで、その附則に規定してある如く、昭和二十三年七月二十二日附マ書簡に基き、当時全官公が八・七ストを宣言し、事態極めて緊迫していたので、これを未然に防止し、国民大衆を飢餓と災害から救うため、国家公務員法の改正及び公共企業体に関する諸法律の制定されるまで、暫定的応急的措置として制定せられたものであつて、当初から廃止又は変更されることが予想せられ、而も事犯があつたときは、即時にこれを処罰し、以てその趣旨を達成すべきものであるから、所謂限時法に該当し、裁判進行中に変更廃止されても、その本来の目的とするところは、行為時法を適用すべきものであつて、刑法第六条又は旧刑事訴訟法第三六三条第二号（新刑事

訴訟法第三三七条第二号）の適用がないものである（昭和十五年（れ）第二三一号同年七月十八日大審院判決参照）。国家公務員法第一次改正法律附則第八条には、この趣旨が明文を以て規定してあるが、この規定は、注意的規定である。公共企業体労働関係法には、この趣旨の規定はないが、当然同趣旨に解すべきもので論旨は理由がない」（名古屋高判昭二四・七・一二刑集二・一一・四四）。

【23】「原審が適条として前記のように臨時物資需給調整法附則第二項を挙示したのは本件判決言渡当時である昭和二十四年十一月十六日には前記のように生糸が既に指定生産資材割当規則附表第一より除外され、自由に取引ができることになつていたのであるが、臨時物資需給調整法並びに同法に基いて発せられる指定生産資材割当規則その他の法令はいずれも所謂限時法であるから、犯罪後生糸の配給統制が撤廃されても、それ以前になした配給統制違反の所為は、行為当時の法令の適用を受けて処罰を免れないものであるということを明らかにするためであろうと推測される。しかしながら臨時物資需給調整法附則第二項は、同法自体が効力を失うに至つた場合にその時までになした行為に対する罰則の適用については、同法はその時以後もなおその効力を有することを規定したものであつて、同法第一条の規定に基いて発せられる命令が犯罪行為の行われた後に廃止されたような場合に適用せられるものであるという趣旨を直接に規定したものでないことは附則第二項の文言自体に徴して明らかである。

従つて原審が本件の場合に臨時物資需給調整法附則第二項を適用したのは厳密に云えば法令の適用を誤つたものである。しかしながら同法並びに同法第一条の規定に基いて発せられる命令はいずれも限時法の性質を具有するものであることは臨時物資需給調整法第一条及び同法附則第二項等の規定の趣旨に徴し明瞭であるから、生糸の配給統制が本件犯行後廃止せられたことは前記のとおりであるけれども被告人の所為は限時法の理由によつて処断を免かれないものであるから、右原判決の法令の適用についての違法は結局判決に影響を及ぼさないものと認めるを相当とする」（東京高判昭二六・一〇・三特報二四・一〇七）。

右の二つの高等裁判所判例は、いずれも「限時法的性格」の刑罰法令すなわち限時法と考えているものといつてよいであろうが、同時に、そのような「限時法の性質を具有するもの」にあつては、その法規の廃止後であつても、有効期間中の違反行為に対しては当然その適用があると考えている。そして、判例【22】は、国家公務員法第一次改正法律附則八条は、単なる注意規定であり、そのような明文の規定がなくとも「当然同趣旨に解すべきもの」としている。判例【22】について、山本氏もいうように、「政令第二〇一号の限時法的性格の承認は可能であろう」(山本桂一・判例研究三巻一号一四二頁)。しかし、次章において論ずるように、それが判例のいうような「限時法の効力」を当然にもちうるかは、問題である。

(三)　要約　以上において、われわれは、限時法の概念に関する判例を、一応「限時法的性格」ということに言及した判例と、端的に「限時法」の概念を用いた判例とに分けて考察して来たのであるが、ここでその結論のようなものを簡単に要約しておいた方がよいであろう。

(1)　まず、一般に判例においては、限時法の概念は、その効力の問題と明確に区別して考えられてはいない、ということが注意せられなければならない。この点、判例【1】において、両者の混同がもつとも著しいが、いわゆる限時法の理論に批判的な真野裁判官でさえも、「特殊な一時的事情のために一定期間を限つて制定された刑罰法規は、該期間の経過により当然廃止せられた後においても、その施行期間内になされた犯行に対しては適用があるものと解すべく、従つて」「刑法第六条等の規定の適用は除外せらるべきものである」とせられるのである(【2】の(2))。従つて、以上「限時法の概念」に関する判例として引用したものは、同時に「限時法の効力」に関する判例でもあることに注意しなければならないが、以上においてはその考察の重点を「限時法の概念」の問題におき、その効力の問題は、次章の課題としている。

(2) 限時法の概念に関する学説の模様については、次節において述べることにしたいが、判例においても、広狭様々の意味に用いられている。しかし、いわゆる「限時法的性格」の刑罰法令すなわち限時法と考えている判例の方が多いといつてよいであろう。その意味で、従来の判例においては、一般に限時法と「限時法的性格」を有する刑罰法令との区別が明確でない、といつてよいであろう。この点、判例【12】の反対意見(4)(5)(6)が、一般に両者の区別を明確に意識していることが注目せられなければならない。その場合、「限時法」は狭義の限時法すなわち「所謂純正限時法」(判例【2】の(2)(3)参照)を意味し、「限時法的性格」の刑罰法令は、「限時法に準ずる」ものとして、広義の限時法を意味するといつてもよいであろうが、例えば、「本件規則には、当初から一定の有効期間が定められておらず、従つて純粋な意味において限時法令でないことは明白であるが、実質的に限時法的性格を有するものと解し得るか否かを検討する」、といわれるように(【12】の(5))、広義の限時法における実質的なものが、「限時法的性格」であるといつてよいであろう。

(3) ところで、「限時法的性格」という言葉は、最高裁判所の判例としては、判例【2】(最判昭二五・一〇・一一)の中でいわれたのが最初であるが、判例【3】(大判昭和二二・四・五)の中に、その前駆的表現が見られる。すなわち「国家総動員法並ニ之ニ基ク物資統制令、前記軍需省令等ハ孰レモ特殊ノ限時的、暫行的性格ヲ有スルモノ」であるとし、「暫行的刑罰法令ニ違反シタル行為ハ」、「暫行法令改廃ノ後ニ於テモ、猶ホ行為当時ノ法令ニ照ラシテ処罰ヲ行フヘシ」としているのであるが、判例【3】に引用せられた戦前の大審院判例には、そのような言葉は全く用いられていない。しかし、その後の高等裁判所の判例には、同様の概念を用いたものが散見される（判例【4】【5】【6】その他）。そして、判例【2】は、それらの高等裁判所判例の後をうけて、「いわゆる限時法的性格を具有する法規」ということを言い出したのであるが、その後の最高裁判所判例の中には、判例【7】【8】のように、狭義の限時法について「限時法的性格」という概念を使用しているものもあることに注意しなければならない。その意味で、判例【10】の上告理由が、判例のいう「限時法的性格」を有する刑罰法令の理解として、狭義の限時法の場合を除外するような言い方をしている点は問題である。

(4)　判例【10】【11】【20】は、いずれも公益事業令の限時法的性格を否定しているが、岡山県製糸原料移出許可条例をもつて限時法であるとする検事の主張を排斥し、その追及効を否定した判例【21】とともに、いわゆる「限時法的性格」の刑罰法令という漠然とした広義の限時法の概念に対して、当該法令を実質的に検討して、あるいは明文上の根拠ということで限定して、その拡張を制限しようとする正当な努力のあらわれであるということができよう。そして、それらの諸判例が、程度の差こそあれ、いずれも狭義の限時法の概念の根底にある限時法の問題性を意識し、それをもつて「限時法と解すべき実質的根拠」と考えていることが注目される。判例【21】のいうように「法規の成文から全然遊離した立法者の意思のみを以つて同条例の性格を決定し、これを限時法規なりと解釈し、その追及効を認めることは、著しく法の安定性を害するものといわなければならない」。それで、仮に限時法の追及効を認めるにしても、「一般に限時法を認める根拠として、違反者がその法規の廃止を予測して施行期間の終末に際し敢えて違反行為を為し、かつ訴訟の遷延によつて、不当に科刑を免れんとするもののあることを挙げ、その取締を強調するのが常であるが、それは法規の明文ないしはその精神から、その廃止の時期が一般に予測可能な場合に限」るべきであろう（判例【21】）。

(5)「限時法」という言葉は、わが国では、判例【13】以来一般に用いられるようになつたのであるが、判例【13】において、検事総長の非常上告申立書中には限時法のことが述べられているが、大審院はその判決理由中で何らその点に触れていない。そして、戦前の判例において、明示的に「限時法」の概念を使用し、その限時法の効力の問題として論じた判例は、判例【14】などの一、二の例外を除いては、ないといつてよいであろう。しかし、黙示的には、例えば判例【16】【17】のように、戦後の「限時法的性格」に関する判例と同趣旨のものが存在する。戦後の最高裁判所判例として、端的に「限時法」の概念を用いた、あるいはそれに言及した判例としては判例【2】【7】【9】【12】【18】が、その主なものであるといつてよいであろうが、とくに判例【18】の(2)の斎藤裁判官の反対意見の中で、「いわゆる公安条例は、その時代における社会状勢に応じて必要とされるいわゆる限時法に属するものと解する」見解が表明せられていることに注意しなければならないであろう。これは⑷で述べた公益事業令の限時法的性格を否定した諸判例の正に逆を行くものであるといってよいであろう。なお、高等裁判所の判例の中には、端的に「限時法」の概念を用いた判例が比較的多いが、その中で、狭義の限時法の概念を使用していると解せられるのは、判例【19】だけである。

二　学　説

限時法の概念に関する学説の詳細については、木村「限時法の効力」法学九巻七号六六七頁以下を参照せられたいが、以下においては、判例における広狭様々の限時法の概念の位置付けに資するために、限時法の概念に関する学説の概観をしておきたい。

まず第一に、限時法の概念をもっとも狭く解する説においては、限時法とは、予め又は当初から一定の効力期間を付した刑罰法規のみが理解せられる。この意味において限時法を理解するのは、エム・エー・マイヤー(M. E. Mayer, Lehrbuch, 2. Aufl. 1923, S. 31)、ベーリンク(Beling, Grundzüge des Strafrechts, 11. Aufl. 1930, S. 107)、ローベ(Lobe, Leipziger Kommentar, 5. Aufl., Bd. 1, 1933, S. 222)、リトラー(Rittler, Lehrbuch des österreichischen Strafrechts, 2. Aufl. 1. Bd. 1954, S. 41)等であるが、判例【8】は、このような最狭義の限時法である飲食営業緊急措置令について、「限時法的性格を持つ」といい、判例【11】のいう最狭義の限時法も、これと同義に解してよいであろう。判例【12】の⑷における河村(大助)裁判官のいわれる「純正限時法」の概念、及び同判例における奥野、藤田、河村(又介)、高木の諸裁判官のいわれる「純粋な意味における限時法」の概念もこれに属する。なお、判例【13】の非常上告申立書における限時法の概念が、この最狭義のものであることはすでに述べた。

第二は、限時法の概念を狭く解する説であって、この説では、一定の効力期間が付せられたものであれば、その期間が予め付せられたると事後に至って付せられたるとを問わない。シェーファー・ドーナニー(Schäfer-Dohnanyi, Die Strafgesetzgebung der Jahre 1931 bis 1935, 1936, S. 190)のほか、小野博士(刑事判例評釈集一巻四三二頁以下)、団藤教授(刑法綱要総論五〇頁)、平場教授(判例演習〔刑法総論〕一一頁)、井上教授(刑法学総則二九頁)、植田教授(刑法要説五一頁)、植松教授(刑法概論九〇頁)、大塚教授(刑法総論第一分冊一一一頁)、草野教授(刑事法学の諸問題二巻二一頁)、瀧川(春)教授(刑法総論講義新訂五九頁)、木村(静)助教授(法学教室六号一一三頁)、福田教授(行政刑法四八頁)、安平博士(改正刑法総論五八頁)、吉田教授(刑法総論四二頁)等、今日わが国における多数説といってよい。
判例【2】の(3)の「純正限時法」の概念、判例【7】における栗山裁判官の限時法の概念、判例【2】の(2)と同じく、判例【9】の(2)に対する真野裁判官の補足意見中の限時法概念、判例【12】の(3)の垂水裁判官の限時法の概念、その他、判例【15】【19】等における限時法の概念も、この意味に解してよいであろう。

第三に、広い意義における限時法の概念として用いられている場合には、予め効力期間が付せられている法律以外に、更に、法律の内容が一時的事情に対するものをも含めて、限時法と為されている。この意味において限時法を理解している者としては、ドイツでは以前にはフランク(Frank, Strafgesetzbuch, 18. Aufl. 1931, S. 26. f.)及びヒッペル(Hippel, Deutsches Strafrecht, 2. Bd. 1930, S. 65 Anm. 3, S. 66, Anm. 4)があり、はじめに述べたように(一の)、今日ドイツ刑法二条三項の解釈として、マウラッハ(Maurach, Deutsches Strafrecht, 2. Aufl. Allg. Teil, 1958, S. 106)、ウェルツェル(Welzel, Das deutsche Strafrecht, 7. Aufl.

1960, S. 23)、シェーンケ・シュレーダー(Schönke-Schröder, Strafgesetzbuch, 9. Aufl. 1959, S. 54)、コールラウシュ・ランゲ(Kohlrausch-Lange, Strafgesetzbuch, 42. Aufl. 1959, S. 42)、メツガー(Mezger, Strafrecht, I. Allg. Teil, 9. Aufl. 1960, S. 39)、ヘルムート・マイヤー(Hellmuth Mayer, Strafrecht, Allg. Teil, 1953, S. 97)等によつて採られている。わが国では、牧野博士(刑法総論〔全訂版〕上巻二四四頁)、美濃部博士(国家学会雑誌五三巻五号七二四頁)、田中(二郎)教授(法学協会雑誌五九巻七号一一四八頁)、戦前の草野教授(刑事判例研究五巻三一頁)、八木(胖)博士(刑法総論一〇〇頁)等を挙ぐべきであろう。もちろん、広義における限時法の概念を採る者の間にあつては、その強調するところに従つて、若干のニューアンスを異にするものがある。しかし、いずれにしても、法律の内容が一時的事情に応ずる場合に限時法と解するのが広義の限時法の概念である。その意味において、小野博士が「臨時法」として限時法に対せしめられているものも広義の限時法ということになる(小野・評釈集一巻四三四頁以下。なお、前出判例【9】の(2)に対する真野裁判官の補足意見参照)。すでに述べたように、最近の判例は、一般にこれを「限時法的性格」を有する刑罰法令として考えているといつてよいであろう。右の「要約」に述べたところを参照せられたい。

以上において、我々は、限時法といわれる場合に、それが学説・判例上、いかに異なつた意味に用いられているかを見た。もちろん限時法の概念をいかに定めるかは、論者の自由に属するともいえようが、次章において、「限時法の効力」を論ずる前提として何を限時法と解すべきかを一定しておく必要がある。その場合、予め有効期間を付したものと、これを付さないものとを同一視することは適当でないから、狭義の限時法と、広義の限時法とせられるもののうち狭義の限時法でないものはこれを区別し、広義の限時法中狭義の限時法を除いたものは、白地刑法に関するものであるから、白地刑法の効力として別個に論ずるのが妥当であろう。

白地刑法と狭義の限時法の区別は、後者が予め有効期間を規定しているという点にあり、従つて白地刑法も、例えば昭和二一年法律第三二号臨時物資需給調整法附則のように予め有効期間を定めている場合は狭義の限時法である。狭義の限時法に属さない白地刑法は、狭義の限時法とともに一時的事情に対処するための法律たる性質を共通にしている。その意味で、いわゆる「限時法的性格」を有するものとして広義の限時法と解せられる。

ところで、判例において、「限時法の効力」としての追及効の有無が問題となるのは、主として、情況の変化に応じて随時改廃ができるよう構成要件の一部を命令や告示などに委ねた、いわゆる限時法的性格を有する白地刑罰法規についてである（柏木「時際刑法」刑法講座一巻六五頁参照）。そこで、次章においては、まず、学説を中心に狭義の限時法の効力について論じた後、いわゆる限時法的性格を有する白地刑法の効力について、その空白規範の変更又は廃止があつた場合に、その変更又は廃止以前の行為に対してこれを処罰しうるかの問題を中心に、判例を検討して行くことにしたい。

三　限時法の効力

一　学説の大要

前の章の終りに述べたように、限時法の概念をいかに定めるかは、論者の自由に属するともいえようが、しかし、「限時法の効力」を論ずる前提として、何を限時法と解すべきかを一定しておく必要があろう。その場合、予め有効期間を付したものと、これを付さないものとを同一視することは適当でないから、狭義の限時法と、広義の限時法とせられるもののうち狭義の限時法でないものは、これを区別して論ずるのが妥当であろう。

まず、狭義の限時法の効力に関しては、それが単純なる理論の問題でもなく、又、単純なる刑事政策の問題でもなく、純然たる刑法解釈の問題であり、かつ超法規的な解釈問題ではなくして、実定法の問題であるということに注意しておきたい。従つて、例えばドイツ刑法二条三項、ギリシヤ刑法三条、ポーランド刑法二条三項、イタリヤ刑法二条四項、ブラジル刑法二条三項のように、有効期間中の行為に対しては効力期間の経過後においても罰則を適用する旨の追及効に関する一般的規定を設けている場合、及びそのような一般的規定がないわが国においても、例えば重要産業統制法附則第二項のように、同趣旨の特別規定のある場合には問題がない（前出判例【7】【8】参照）。その意味で、次の判旨はもちろん妥当である（なお判例【23】参照）。

【24】「かりに本件雨外套が今日では全面的に統制繊維品の指定から解除せられたとしても、衣料品配給規則第五条及び昭和二二年商工省告示第五八号は臨時物資需給調整法に基いて制定せられたものであり、同法附則第二項には、同法律は一定の時期以後効力を失うと規定した上、「但し、その時までになした行為に対する罰則の適用については、この法律は、その時以後もなおその効力を有する」と規定しているのであるから、その趣旨からみると、右商工省告示の廃止および衣料品配給規則の一部施行停止は、その廃止または施行停

止以前に行われた本件違反行為の可罰性に何ら影響を与えるものではなく、右に対しては臨時物資需給調整法所定の罰則に従つて処断すべきものと解すべきである」(最判昭二六・四・一〇刑集五・五・八四〇)。

問題は、そのような追及効の規定の存在しない場合であつて、例えば臨時資金調整法や刑法の一部改正に関する昭和二二年法律第一二四号により限時法となつた刑法第一八三条について存在する(木村・総論一一三頁、団藤・綱要総論五二頁註四参照)。そして、その問題は、このような法律においては、もし有効期間の経過後に有効期間中の行為を罰し得ないとするならば、有効期間の末期において、その経過を予測して違反行為をしたり、裁判を遅延させて刑罰を免れようとする者が生じ、法律の目的を達成し得ない危険があるというにある(木村・法学九巻六七二頁、六七四頁、六七八頁、九七六頁、九八一頁以下等、なお、前出判例【2】の(3)、【11】、【12】の(4)(6)、【20】、【21】参照)。

追及効の規定のない限時法の効力に関しては、学説は三つに分れている。

第一は、有効期間の経過後においても有効期間中の行為を罰しうるというものであつて(小野・新訂講議総論七〇頁、草野・刑事法学の諸問題二巻二〇頁以下、植田・要説総論五一頁、植松・概論九〇頁)、その理由は、右に述べた限時法の問題性のほか、とくにフランスの学説においては、法律の「失効」(caducité)と「廃止」(abrogation)とを区別し、限時法の有効期間の経過は失効であつて、失効の場合は廃止と異なり、旧法の「黙示の存続」(survietacite)があるからとする(Roubier, Les conflits des lois, tome 2, p.570 et s.; Dounedieu de Vabres, Traité de droit criminel et de législation pénale comparée, 3e éd. 1947, p.910; Bouzat, Traité de droit pénal et de criminologie, tome 2, 1963, p.1286)。法律の失効と廃止の区別は不可能ではないが、失効の場合には特別に法律の規定がなくても追及効があるという主張は根拠がなく、罪刑法定主義の原則に反するから誤つている。

第二は、限時法の失効の場合につき、事実関係の変化による場合と立法者の法的見解の変化による場合を区別し、前者の場合には罰することを得るのに対し、後者の場合には罰することを得ないとする「動機説」(Motiventheorie)又はそれと同趣旨の見地である。動機説は、最初フランク(Frank, Rechtsprechung des Reichsgerichts, ZStW. 14. Bd. 1894, S. 357)によつて主張せられ、その後、リスト、アルフェルト、ハイムベルガー、とくにヒッペルによつて採られているが(Hippel, ibid. S. 65 ff., vgl. Binding, Handbuch des Strafrechts, 1885, S. 258 f. なお、木村・法学九巻六七六頁註一七参照)、この動機説をわが刑法の解釈について採る者としては、牧野博士(総論上巻二四三頁以下)、八木(胖)博士(総論九九頁以下)、安平博士(総論五七頁以下)、田中(二郎)教授(法学協会雑誌五九巻七号一一四七頁以下)、等があり、戦前の草野教授もこれに属するものといえよう(草野・刑事判例研究五巻一九頁以下参照)。

動機説の根拠とする事実関係の変更による失効と法的見解の変更による失効の区別は、相対的であつて法的安定性の見地から妥当でないのみではなく、事実関係の変更の場合に特別に法律の規定がないのに罰しうると解するのは罪刑法定主義の原則に反するから誤つている(木村・法学九巻九八四頁以下、Käckell, Die Bedeutung des Strafgesetzbegriffes in der Lehre von der strafrechtlichen Rückwirkung, 1915, S. 174 ff.; Mezger, Die zeitliche Herrschaft der Strafgesetze, ZStW. 42. Bd. 1921, S. 370 ff. 参照)。

従つて、第三説として、有効期間の経過とともに限時法は失効したのであるから、その後は罰することを得ないとする説(Liszt-Schmidt, Lehrbuch des deutschen Strafrechts, 1. Bd. 26. Aufl. 1932, S. 113 f.; Hälschner, Das gemeine deutsche Strafrecht, 1. Bd. 1881, S. 123; v. Bar, Gesetz und Schuld, 1. Bd. 1906, S. 76 f.; M. E. Mayer, ibid. S. 31 f.; Rittler, ibid. S. 42; Käckell, ibid. S. 220 ff.; Vidal-Magnol, Cours de droit criminel et de science pénitentiaire, 9e éd. tome II, 1949, p. 1385; Garraud, Précis de droit criminel 15e éd. 1934, p. 129)が妥当であり、限時法の有効期間中の行為については、その期間経過後においては、特別にこれを罰す

る追及効の規定がないときは、罰しえないと解すべきである（木村・総論一一五頁、団藤・綱要総論五〇頁、平場・判例演習刑法総論一一二頁、井上・総則三一頁、大塚・総論一一二頁、木村（静）・法学教室六号一一三頁、佐伯・総論一八頁、瀧川（春）・講義新訂六〇頁註五、定塚・刑事法講座一巻六七頁以下、福田・行政刑法四九頁、宮崎・総論四九頁、吉田・総論四二頁）。そして、これが、今日わが国の通説といってよいであろう（松尾「刑法の時に関する効力」刑法基本問題37講一一頁参照）。

判例としては、前出判例【2】の(2)の真野裁判官は、第一説を採るものと解せられるし、判例【2】の(3)も同じと解してよいであろう。判例【7】【8】も狭義の限時法の場合について「限時法的性格」という概念を使用してはいるが、第一説を採るものといえよう。判例【12】の(5)、及び(6)も、「これら法条がもし限時法もしくは限時法的性格をもつものであるとすれば、右の結論（＝「犯罪後の法令により、刑が廃止された場合」に当るものと解する）は、おのずから別のものとならざるを得ない」（前掲、刑集一六・四・三六）とする見地から、「けれども、右各法条が、純粋の意味における限時法でないことは、それの有効期間を法令自体の中で、あらかじめ定めていないことによっても窺い得るばかりでなく、実質的にも限時法的性格を具有するものとは考えられない」として論議が展開せられているので、第一説と同じ考え方を前提とするものといえよう。しかし、これは、必ずしも狭義の限時法の概念を前提として、その効力としての追及効を考えているのではなく、むしろ、限時法的性格の刑罰法令すなわち広義の限時法について、その廃止後の追及効を認める見解を前提としての論議と言えよう。そして、そのように広義の限時法について、その廃止後の追及効を認める判例の方が、多いといってよいであろう（すでに引用した判例のうち、判例【1】、【2】の(1)、【3】―【5】、【9】の(2)、【14】、【16】、【17】、【18】の(2)、【22】等がこれに属する。なお、判例【10】【11】【20】【21】も、そのような見解を前提とするものといえよう）。そして、その多くは、動機説的な考え方を加味している（例えば、判例【1】、【2】の(1)、【3】―【5】、【9】

の(2)、【16】【17】等)。それで、それらの判例は、第二説の動機説に立つものと考えることもできる(福田・行政刑法四九頁註一参照)。しかし、それは、いうまでもなく、第一説と同じくその追及効を認める方向での動機説であるが、判例【6】は、逆の方向での動機説として注目される。

なお、判例【13】の非常上告理由は、最狭義の限時法について、第一説を採るものといえよう。第三説を採られるのは栗山裁判官である。前出判例【7】の中で、次のように言われている。

「右衣料品配給規則が臨時物資需給調整法に基いて制定せられたものであり、そして同法附則二項の特別規定があるから、同規則一条二項の規定によってされた指定即ち前記商工省告示五八号の廃止があっても『刑ノ廃止』の問題は生じないと解すべきものと思う。蓋しこの場合『刑ノ廃止』に当るか否かは、右指定(告示)の存廃ではなく、右指定の基く前記衣料品配給規則臨時物資需給調整法の効果の存続の問題に外ならないからである。前記引用の大法廷判決(昭和二三年(れ)八〇〇号同二五年一〇月一一日言渡、判例集四巻一〇号(一九七二頁以下)所掲の卑見によれば物価統制令はいわゆる臨時法ではなく、臨時物資需給調整法のようなのが限時法というべきものであって、かような限時法では同法附則二項のような特別規定がなければいわゆる『刑ノ廃止』にあたるのである。右卑見は本件臨時物資需給調整法のような限時法であって、しかも右附則二項のような特別規定がないのに限時法であるというだけで、若しくは物価統制令のような限時法でもないのに、特別経過規定がある限時法と同じ理論によって、その廃止後までも法の効果を認めようとする説には賛同はしていないのである」(最判昭二六・三・二三刑集五・四・六二五)。

二　判　例

前の章の終りに述べたように、判例において、「限時法の効力」としての追及効の有無が問題となるのは、主として、いわゆる限時法的性格を有する白地刑罰法規についてである。それは、狭義の限時法とともに一時的事情に対処するための法律たる性質を共通にしている。その意味で、広義の限時法と解せられる。

狭義の限時法の効力については、右に学説を中心として、判例にも触れながらこれを論じた。そこで、以下、いわゆる限時法的性格を有する白地刑法の効力について、その空白規範の変更又は廃止があつた場合に、その変更又は廃止以前の行為に対して、これを処罰しうるかの問題を中心に、判例を検討して行くことにしたい。

ところで、「白地刑法」(Blankettstrafgesetz; Blankostrafgesetz)という言葉は、ビンディングの創称にかかるものであり、空白刑法又は空白刑罰法規ともいわれ、さらに「枠附刑法」(Rahmengesetz)ともいわれているが(白地刑法については、Neumann, Das Blankostrafgesetz, Strafr. Abh. Heft 87, 1908; Warda, Die Abgrenzung von Tatbestands-und Verbotsirrtum bei Blankettstrafgesetzen, 1955, S.5 ff. 参照)、それは、「完全刑法」(Vollstrafgesetz)に対していわれ、例えば刑法第九四条のように、刑罰の条件たる構成要件の全部又は一部の規定を他の法又は機関に委ね補充されるべき空白を残した刑法規範をいい、その空白を補充すべき規範を補充規範・充足規範又は空白規範(Ergänzungsnorm; Ausfüllungsnorm; Blankettnorm)という。空白を補充する規範は、法律・命令又は行政処分であることがあり、同一法律中に補充規範を別個に規定した場合、又は補充規範の規定を他の法律に委ねている場合を広い意義における白地刑法という。狭い意義では補充規範の規定を法律以外の命令又は行政処分に委ねている場合だけを白地刑法といい、これを特に「純正白地刑法」(echtes Blankettstrafgesetz) といっている。純正白地刑法の空白を補充する行政処分の性質については、以下の判例に見られるように論議があるが、その行政処分によつて白地刑法の空白が補充せられ規範が完成せられる場合は、行政処分は規範としての性質を持つものと解すべきである。従つて、例えば価格統制に関する経済刑法が統制額を抽象的に規定するにとどまる場合に、統制額の内容を明確にするために発せられた「告示」は規範と解すべきである。

（一）　空白刑罰法規と告示　　まず、空白刑罰法規と告示に関しては、次のような判例がある。

【25】（上告理由）「指定繊維資材配給規則附則第三項によれば『この省令施行の際繊維製品の製造を業とする者及び繊維製品の販売を業とする者で商工大臣の指定するものはその所有し又は保有する指定繊維資材について商工大臣の指定に従い商工大臣の交付する様式による調査表三通をこの省令施行の日現在で作成しこの省令施行の日以後二十日以内に商工大臣に提出しなければならない』と規定して居り右報告義務ある業者の指定は昭和二十三年九月十日商工省告示第五四号によりなされているのであるから前示原審判決認定の事実に対し臨時物資需給調整法の罰則を適用するためには之に先だち右配給規則附則第三項の外右商工省告示第五四号を適用する必要があることは明かな処である然るに原審判決はその法律適用に於て前示のように『被告人の判示の所為は臨時物資需給調整法第一条第三条指定繊維資材配給規則第一条指定生産資材割当規則附表第一に該当し前記調整法第五条第一号に該当するので』と判示し右商工省告示第五四号を適用した形跡が存しないのであつて明かに法の適用を誤つた違法があるものといわねばならない。」

（判旨）「按ずるに昭和二十二年九月十日商工省令第二三号指定繊維資材配給規則附則第三項により判示調

査表提出の義務ある者の指定は同年同月同日商工省告示第五四号によつてなされているのであるから、原判決認定の事実に対し臨時物資需給調整法の罰則を適用するには右配給規則附則第三項の外右告示第五四号を適用しなければならない。けだし右配給規則附則第三項は右告示第五四号により補足され其の内容を具備するものであるからである。従つて原判決において右告示第五四号を適用しないことは法律を適用しない誤りがあると主張する論旨は理由があり、破棄をまぬかれないものである。

よつて旧刑事訴訟法第四四七条第四四八条により当裁判所において更に判決をすることとし、原判決認定の事実に法律を適用するに、被告人の所為は、臨時物資需給調整法第五条第一号、第三条第一項、指定繊維資材配給規則附則第三項、昭和二十二年九月十日商工省告示第五四号、右配給規則第一条、昭和二十二年一月二十四日閣令、商工外八省令第一号指定生産資材割当規則の附表第一（同年七月十二日商工、農林省令第四号を以て定められ同年九月十日商工、農林省令第六号により改正されたもの）に該当するところ、臨時物資需給調整法第五条第一号は、本件犯行後罰金等臨時措置法により罰金刑に変更が加えられているので、刑法第六条第一〇条刑法施行法第三条第三項により新旧の刑を比照するところ、所定刑中の重い刑である懲役刑は新旧同じであるから、行為時の刑である変更前の刑に従うこととし、所定刑中罰金刑を選択し、その金額の範囲内において被告人を罰金一万円に処し、右罰金を完納することができないときは、刑法第一八条により、金二百円を一日に換算した期間被告人を労役場に留置すべきものとする」（最判昭二五・二・一四刑集四・二・一三三、〔研究〕定塚・判例評釈集一二巻一八頁）。

91

右の事案は配給違反に関するが、告示による補充は価格違反についても同様で、一定の統制額以下で売買されても、物価統制令三三条にふれないのと全く同じ関係に立つている。配給違反であれ価格違反であれ、構成要件該当非該当の標準たるべき法律上の構成要件として、「告示」が受容されるのか又は除外されるのか、というように問題は提起されているので、定塚氏もいわれるように、決して小問題ではないといわねばならないであろう(定塚・前掲二〇頁)。

本判例は、空白刑罰法規と告示との関係についての正当な解釈を明らかにしたものである(定塚・前掲二三頁)。すでに述べたように、告示は空白刑罰法規の空白を補充する規範であると解する立場に立ってこそ、始めて原判決の告示遺脱を以て擬律錯誤の違法であると断じうるのであって、告示を単なる事実問題と解するならば、その結論は、本件の原判決に何らの違法なしとならざるを得ない。この後者の見解については、更に、次の判例が検討せられなければならない。

【26】(1)「原判決が本件被告人の所為に対して適用した物価統制令にもとずく昭和二一年七月二〇日大蔵省告示第五八一号『果実の販売価格統制額指定の件』が昭和二二年一〇月二七日物価庁告示第九二九号(論旨に第二二九号とあるは誤り)に依って廃止されたことは所論のとおりである。論旨は、この場合、旧刑訴三六三条の『犯罪後ノ法令ニ依リ刑ノ廃止アリタルトキ』に該当すると主張するのであるが、右大蔵省告示の直接規定するところは、果実の販売価格の統制額であって、この告示の廃止は、要するに、果実の販売価格についての統制額の指定の廃止であって、直接に刑罰法規の廃止ではない。従って右告示の廃止を以て、直ちに前記旧刑訴にいわゆる『刑ノ廃止』にあたるものと即断することはできない。ただ、右告示廃止の結果として、行為の時には物価統制令違反の罪にあたるとせられた行為も、若し裁判時において為されたと仮定すれば、告示廃止の結果無罪とせらるべき関係においては、『犯罪後ノ法令ニ依リ刑ノ廃止アリタルトキ』と同様になるというに過ぎない。(この関係は、従来頻々として行われた告示の改正により統制額が改訂せられた場合においても、常に起り得るところである)かかる場合について、旧刑訴三六三条の適用を排除する

旨の直接の規定のないことは所論のとおりであるけれども、同時にまた、単なる告示改廃の場合を以て、いわゆる『刑ノ廃止』にあたるとする直接の規定も存在しないのであつて、この場合、これをいわゆる『刑ノ廃止』と同視して旧刑訴三六三条に従つて、被告人に対して免訴の言渡をなすべきかどうかは、一に物価統制令のもつ法規上の性格いかんにかかるものといわなければならない」

(2)（補足意見）「裁判官栗山茂の意見は次のとおりである。

物価統制令（以下統制令という）によれば、主務大臣（後には物価庁長官）は価格等につき、その統制額を指定することができる。主務大臣の委任に基づき地方長官又は当該主務大臣の所轄する官衙の長（後には経済安定本部総裁の委任に基づき物価庁地方事務局の長又は都道府県知事）も同様の指定をすることができる。（以下右指定権ある者を物価庁長官等と称す）そして指定は原則として告示によるのである。（統制令四条、三一条、統制令施行規則四条）右によれば、統制額の指定は特定の品種に属する物品について価格を設定する物価庁長官等の行政行為である。指定は不特定人に対してなすものであるから、特定人に対してなす通知にかえて告示による要式行為である。指定は特定の品種に属する物品について集合的にされるけれども、実質的にはその特定された品種に属する個々の物品につき具体的に価格を設定する処分とその性質及び効果において異るところがない。又この指定は例えば地代、家賃統制令により物価庁長官がする家賃の停止統制額に乗ずべき修正率の決定（告示による）又は公職に関する就職禁止、退職等に関する勅令に基づく、いわゆる覚書該当者としての指定（通知による）が、それぞれ統制額又は資格を設定する行政行為であるのとその性質において異るところがない。そして統制令三条は『価格等ニ付第四条乃至第七条ニ規定スル統制額アルトキハ価格等ハ其ノ統制額ヲ超エテ之ヲ契約シ、支払ヒ又ハ受領スルコトヲ得ズ』と規定している。これによると『統制額アルトキハ』統制額が統制令違反の犯罪構成要件となること、その構成要件該当の事実は統制額をこえて取引することであること、そして右構成要件が統制額があるときに発動するものであることが明らかである。即ち価格の指定そのものは準則を決定するのではなく準則そのものは第三条の定むる所であつて、ただ同条が『統制額アルトキ』と定めて右準則の発動を価格の指定にかけて、価格の指定を同条発動の原動力としているに過ぎないことが判る。統制額指定の行政行為自体は価格を設定するという効果を附する物価庁長官等の処分であつて、統制額あるときにおける統制令三条に基づく効果は、右処分の効果ではなく、処分によつて発動する同条そのものの効果である。そして価格の指定によつて同条が発動している場合は同令三三条によつて『第三条ノ規定ニ違反シタル者』は『十年以下ノ懲役又ハ十万円以下ノ罰金ニ処セ』られるのである。

次に統制額の廃止の処分を考えるに、通常は同処分は統制額指定の告示を廃止するものとして告示されているのであるが、性質上は価格の設定を解除する物価庁長官等の行政行為であつて、廃止の告示があれば統制令三条にいう『統制額アルトキ』に当らないから、右廃止の告示の定める日から同条は発動しなくなつて睡眠状態に置かれるのである。しかし価格の指定があれば何時でも発動するのである。ここで区別を要するのは、価格の設定（指定）の場合に罰則の適用があるのは第三条自体の効果であるが、価格設定の解除（廃止）の場合には統制令は何等の効果を与えていないから、右処分の効果しか発生しないことである。従つて廃止の告示後の行為者に対して統制令三条が適用せられなくなるのは右処分の反射作用に過ぎない。この処分の価格設定の解除という効果は前の処分を過去に遡つて取消すものではなく、ただ将来に向つて効力を発生するだけである。されば統制令に規定のない限り前の指定の処分によつて第三条が発動した効果に何等影響を及すものではないのである。即ち廃止の告示の反射作用として第三条が発動しなくなつただけで同条が廃止されたものでないから同条発動中の効果は依然として存続するものであつて、統制令三三条にいわゆる『第三条ニ違反シタル者』に対しては右廃止の告示にかかわらず同条罰則の適用あるのは当然である。されば、統制額指定の告示を廃止する告示があつても、旧刑訴法三六三条の『刑ノ廃止』の問題が生じないことは明らかである」。「統制額廃止の告示に伴い統制令三条が発動しなくなつても、同条発動中になした行為者に対する罰則の適用には何等影響を及すものではないから、統制令には例えば『告示廃止前になした行為に対する罰則の適用については、告示廃止後においても、なお、従前の例による』というような経過的規定の必要もないのである」

(3)（補足意見）「斎藤裁判官、沢田裁判官の補足意見」。

「（物価統制令）第三三条は、『左の各号の一に該当する者は十年以下の懲役又は十万円以下の罰金に処す云云一、第三条の規定に違反したる者云々』と規定している。従つて、右第三三条は刑罰法規の禁止法規を第三条の規定に譲つている点において、いわゆる空白刑罰法規である。しかし同令第三条は、『価格等に付第四条乃至第七条に規定する統制額あるときは価格等はその統制額を超えて之を契約し、支払ひ又は受領することを得ず云々』と規定して『統制額』あることを条件とはしているが『統制額を超えて契約し、支払ひ又は受領すること』を禁止する法規であることには何等の空白も存しないのである。従つて右にいわゆる『第四条乃至第七条に規定する統制額』を定めることが禁止規定そのものの空白を補充する行為であるか又は禁止規定に規定されている『統制額』なる一構成要件に事実上の条件を与え若しくはこれに該当するや否やの判定を容易ならしめるための認定標識を与えるに過ぎない行為であるかが問題となるのである。若し前者なりとせばかかる補充行為は法規範補充の立法行為であり従つて法律問題であり、また、後者なりとすれば法規実施の行政行為従つて事実問題に属するであろう。いわゆる価格の指定又は認可の告示なるものは後者に属する一般行政処分と解するを正当とする。従来大審院並びにわが国の学者の多くは告示を勅令又は省令と同一視し、告示は、白地刑罰法規を補充する法令制定行為の一部を成すものと解していた。しかし、物価統制令第三条は前述のごとく第四条乃至第七条に規定する統制額あることを条件としているだけで、『統制額を超えて契約し、支払ひ又は受領すること』を禁止する法規範には何等の空白も存しないのである。従つて、統制額を定める告示は、窃盗罪における『他人の財物』を判定する場合の民事法規と同じく、当該禁止法規（刑罰法規）以外に存する一犯罪構成要素認定の標識たるに過ぎないものと見るべきである。されば、告示の不存在乃至改廃の問題は、行為当時における犯罪構成要件を具体的に充足するか否か、従って無罪であるか否かの事実問題であって、刑罰の変更又は廃止、従って、免訴すべきか否か等の法律問題ではないのである。

そして、同令第四条乃至第六条（特に第七条を除く。）は、行政官に対し価格の指定又は認可従ってその変更乃至廃止の権限を委任したものと解し得ても同令第三条の価格統制規範を廃止する権限を与えたものと見ることのできないことは明らかである。なぜならかかる規範の廃止はこれを制定したと同一の効力ある法規すなわち勅令（政令）を以て為すべきであるからである。果して然らば仮りに前者の立場をとっても昭和二一年三月三日大蔵省令第二五号物価統制令施行規則第四条に基づく同年七月二〇日大蔵省告示第五八一号（果実の販売価格の統制額指定の件）を単なる昭和二二年一〇月二七日物価庁告示第九二九号を以て廃止したからといって、物価統制令第三条の刑罰法規を廃止する効果を生じ得ないことは勿論である」（最判昭二五・一〇・一一刑集四・一〇・一九七四、前出判例【2】と同一判例、〔研究〕木村・刑法雑筆五八頁、牧野・刑法研究一四巻二六〇頁、定塚・判例評釈集一二巻一九三頁、中野・法律時報二二巻一二号九六三頁、松尾・行政判例百選七三頁）。

右の判例は、前出判例【2】と同一事件に関するものであるが、多数意見(1)は、「右大蔵省告示の直接規定するところは、果実の販売価格の統制額であって、この告示の廃止は、要するに、果実の販売価格についての統制額の指定の廃止であって、直接に刑罰法規の廃止ではない」といいながらも、「ただ、右告示廃止の結果として、行為の時には物価統制令違反の罪にあたるとせられた行為も、若し裁判時において為されたと仮定すれば、告示廃止の結果無罪とせらるべき関係においては、『犯罪後ノ法令ニ依リ刑ノ廃止アリタルトキ』と同様になるというに過ぎない」として結局はそれと同様の法律状態の生ずることを認めるもののごとくである。それに対して、栗山裁判官の補足意見(2)は、物価統制令三条は「価格等ニ付第四条乃至第七条ニ規定スル統制額アルトキハ価格等ハ其ノ統制額ヲ超エテ之ヲ契約シ、支払ヒ又ハ受領スルコトヲ得ス」と規定しているが、「統制額指定の行政行為自体は価格を設定するという効果を附する物価庁長官等の処分であつて、統制額あるときにおける統制令三条に基づく効果は、右処分の効果ではなく、処分によつて発動する同条そのものの効果である」、「ここで区別を要するのは、価格の設定（指定）の場合に罰則の適用があるのは第三条自体の効果であるが、価格設定の解除（廃止）の場合には、統制令は何等の効果を与えていないから、右処分の効果しか発生しないことである」。そして「この処分の価格設定の解除という効果は、前の処分を過去に遡つて取消すものではなく、ただ将来に向つて効力を発生するだけである」から、「前の指定の処分によつて第三条が発動した効果に何等影響を及ぼすものではない」。「即ち、廃止の告示の反射作用として第三条が発動しなくなつただけで、同条が廃止されたものではないから、同条発動中の効果は依然として存続する」ので、「右廃止の告示にかかわらず同条罰則の適用があるのは当然である」というのであり、論理明快なものがある。

次に、斎藤裁判官、沢田裁判官の補足意見が問題であるが、まず、物価統制令三条は、統制額あることを条件とはしているが、統制額を超えて契約し、支払い又は受領することを禁止する法規であることには、何らの空白も存しない。従つて、統制額の指定が禁止規定そのものの空白を補充する行為であるか、又は禁止規定に規定されている「統制額」なる一構成要件に事実上の条件を与え若しくはこれに該当するや否やの判定を容易ならしめるための認定標識を与えるに過ぎない行為であるかが問題となる。「若し前者なりとせば、かかる補充行為は法規範補充の立法行為であり、従つて法律問題であり、また、後者なりとすれば、法規実施の行政行為従つて事実問題に属するであろう」。そして、「いわゆる価格の指定又は認可の告示なるものは、後者に属する一般行政処分と解するを正当と」される。それは、窃盗罪における『他人の財物』を判定する場合の民事法規と同じく、当該禁止法規（刑罰法規）以外に存する一犯罪構成要素認定の標識たるに過ぎない。されば、告示の不存在乃至改廃の問題は、行為当時における犯罪構成要件を具体的に充足するか否かの事実問題であつて、刑罰の変更又は廃止という、法律問題ではないのである、と。

これに対しては、次のような真野裁判官の反対意見がある。

(4)　（反対意見）「裁判官真野毅の反対意見は左のとおりである」。「刑罰法規としての物価統制令に内在する空白を告示が充足することによつて、初めて実質的に完全な刑罰法規が成立する」「この告示による統制額の指定は、その本質においては行政庁が個々の具体的事件について する行政処分ではなくして、立法府の委任によつて一般的、抽象的に適用される刑罰法規の一部（物価統制令の空白）を制定するものである。立法府が自ら立法する代りに、行政庁に委任して法規の一部を立法せしめるものである。結局、告示の制定は、立法である。これと同様に、告示の廃止は、制定した法規の一部の廃止であつて、本質上は立法作用に属する。だから、法規の一部であつて告示が廃止されれば、たとい法規の他の一部である物価統制令が生きていても、一つの刑罰法規として働く能力は失われその後は、何人も物価統制令によつて処罰をうけることのない法律状態が形成されるのである。それ故、本件における統制額指定の告示の廃止が、刑法六条にいわゆる『刑の変更』（刑の廃止又は変更）並びに旧刑訴三六三条及び四一五条にいわゆる『刑の廃止』に該当することは明々白々である」（前掲、刑集四・一〇・一九八七、同旨、定塚・前掲一九八頁、なお二三一頁）。

確かに、経済刑法が統制額を抽象的に規定するにとどまる場合に、統制額の内容を明確にするために発せられた『告示』は規範と解すべきであるが（定塚「限時法」刑事法講座一巻五七頁以下参照）、いわゆる限時法的性格を有する白地刑法の空白規範の変更・廃止は、刑法六条にいうところの「刑の変更」ではなく、その前提条件たる構成要件の内容の変更であるから刑法六条の適用がないと解すべきである（木村・総論一一七頁）。構成要件の内容の変更がひいて刑の適用に影響を及ぼすことのあるのはいうまでもないが、刑法六条は刑そのもの又は刑に関する変更のある場合に関する規定であつて、刑の適用に影響は及ぼすが、刑の条件たる構成要件の内容の変更には関係ないものと解すべきである。そこで、次に、刑法六条の解釈が問題となる。

（二）　刑法六条と限時法の効力　　限時法の効力の問題は、当然に刑法六条の解釈を予定する。刑法六条と離れて、又はこれに反して限時法の効力を論ずることは、その立法論としての価値は格別として、解釈論としては無意義である。

それでは、限時法の効力の問題は、いかなる意味において刑法六条の解釈問題であるのか。

刑法六条は、「犯罪後ノ法律ニ因リ刑ノ変更アリタルトキハ其軽キモノヲ適用ス」と規定している。

一応、刑法の効力不遡及の原則に対する例外を規定したものであつて、行為者の利益を保護する精神に出たもの、といつてよいであろうが、この点については、次のような誤つた主張があることに注意しなければならない。

【27】「斎藤裁判官は、本件につき次の意見を附加する。

刑法六条は、実体刑法上犯罪行為時法を適用するのが当然であつて、新法を遡及適用すべきでない原則に対し、犯罪者に対する恩恵上一大例外を認めたものであるから、その立法趣旨に照しこれを狭く厳格に解すべく、広く類推して解釈すべきでないことはいうまでもない。同条は、その法文上明らかなように、単に、『犯罪後ノ法律ニ因リ刑ノ変更アリタルトキハ其ノ軽キモノヲ適用ス』と規定して犯罪行為時法の刑が犯罪後の法律に因り変更されたときに限り規定したに止り、ドイツ旧刑法二条二項のように犯罪の時から判決言渡の時までの間いやしくも実体刑法規定の変更があつたときは、犯罪者に最も有利な結果を生ずべき一切の規定を適用する趣旨の立法ではない。すなわち、刑法六条は、犯罪者の犯罪行為成立（即時犯）又は完結（継続犯）後判決言渡までの間において、その犯罪者の行為規範の違反に対し科すべく予定した法律効果を規定した法規（実体刑法各本条）に変更を生じたときは、本来罪刑法定主義の建前からすれば、行為当時の刑罰を科すべきであるのに、立法者の犯罪者に対する量刑観念の変化に伴う寛大な立法意思の表現である最も軽い法律効果を規定した法規を適用すべきものとして、特に軽き刑を規定した新法の遡及効（すなわち軽き事後法の適用）又は既に失効した最も軽き刑を規定してあつた中間法の復活適用を認めたに過ぎないものである。従つて、同条は、ドイツ刑法二条a二項後段のように行為当時の刑罰法規が判決言渡の時に廃止され又は消滅した場合に、その法規を適用しないで無罪たらしめるという趣旨の実体刑法規定ではなく、また、かかる場合に、刑訴三三七条二号にいわゆる『犯罪後の法令により刑が廃止されたとき』と類推解釈すべき訴訟法規定でもない。従つて、わが刑法六条を免訴の根拠規定とすることのできないことは、いうまでもない」（最判昭二八・七・二二刑集七・七・一五八四、前出【9】と同一判例）。

刑法六条の規定する「軽い法令の遡及」(Rückwirkung des milderen Gesetzes) が、刑法の効力不遡及の原則の例外なりや否やについては、論議のあるところであつて、不遡及の原則は法的安定性の原理を基礎とするのに対し、軽い法令の遡及の原則は、正義の原理を基礎とするから、両者はむしろ別個の、しかし相関連した原則だと解すべきであろう（木村・刑法雑筆一六〇頁）。しかし、仮りに刑法六条が例外規定だとしても、もと刑法の解釈が制限的・厳格でなければならないというのは、他の法域と異なり、本質的には被告人に不利益な規定についてであり、そしてそのような思想が罪刑法定主義の本来の意味であるから、被告人に有利な規定についても同様に制限的に且つ厳格に解すべきであるということは、刑罰法令の特殊性からいつて、到底首肯しえない主張である。「これは理論的には一般法学的な構成要件↓法律効果という概念を、その実質的意義を考えず、形式的に一般化するところから来る」（小野・判例評釈集一六巻三四八頁）。「刑法の不遡及ということは刑罰設定の面において要請されることであつて、まさにそのおなじ自由主義的理念が、刑罰を解除する面においては逆に新法の遡及を要請する。両面においてその実質的意義が異るのである」（小野・前掲三四八頁）。

ところで、刑法六条の適用については、犯罪後の法律により刑の変更があつた場合、ということを要件としている。この場合の「犯罪」とは、犯罪の内容たる行為を意味し、中間現象及び結果を含まない。犯罪の行為は、普通は実行行為であるが、必ずしも実行行為にかぎらず、予備犯にあっては予備もまた行為である。従って、「犯罪後」とは、行為が終了した後を意味する。犯罪後いつまでかについては、わが刑法は何らの規定をしていないが、ドイツ刑法二条二項の規定と同様に、上告審の判決をも含めて判決の言渡（Aburteilung）に至るまでと解するのが妥当であろう。次の判例は、その意味で妥当である。

【28】（上告理由）「原判決ニヨレハ被告ノ所為ハ爆発物取締罰則ノ違反トシテ同罰則第一条ニヨリ問擬セラレ死刑ニ処セラレタリ然レトモ右罰則ハ大正七年四月十六日法律第三十四号ニヨリ改正セラレ其ノ第一条中『死刑ニ処ス』トアリシハ『死刑又ハ無期若クハ七年以上ノ懲役又ハ禁錮ニ処ス』ト改メラレタリサレハ新法ニアリテハ刑罰ノ種類ノ選択ヲ許シテ刑ノ量定ヲ自由ナラシメタルヲ以テ此ノ改正セラレタル新法ハ従来ノ旧法ニ照シテ其ノ刑軽シト云ハサルヘカラス（註一参照）然ラハ刑法第六条ニ依リ其刑軽キ新法ヲ適用スヘキヲ以テ之ヲ適用セサリシ原判決ハ結局擬律錯誤ノ不法アルヲ以テ原判決ハ此点ニ於テ破毀ヲ免レサルモノト信ス或ハ上告裁判所ハ第二審裁判所ノ法律適用ニ関スル誤謬ヲ更正シテ全国裁判ノ統一ヲ維持スルヲ主眼トスルモノナルカ故ニ第二審判決ノ当否ヲ審査スルニハ其ノ判決当時ノ法律ヲ標準トシテ之ヲ判断スルヲ要シ本件ノ如ク第二審判決言渡後法律ノ改正セラレタル場合ニアリテハ第二審裁判所ハ旧法ヲ適用スルニ何等ノ過失ノ責ナキヲ以テ原判決ハ違法ニアラスト云フ者アレトモ凡ソ上告裁判所カ法律適用ノ当否ヲ審査スルニハ必スヤ其審査当時ノ法律ヲ標準ト為ス可ク縦令原判決ハ宣告当時ノ法律ニ照ラシ正当ニシテ之ヲ言渡シタル第二審裁判所ニハ何等過失ノ責ナシトスルモ苟モ上告趣意書提出期間内ニ法律改正セラレ其ノ法律発布施行セラレタル以上ハ其改正セラレタル法律ニ照シテ正当ナラサル原判決ハ畢竟擬律錯誤ノ違法アルモノト云ハサルヘカラス（註二参照）。

註其一（新旧法ノ対照ニ付テ（イ）所謂軽キ刑罰法トハ具体的ノ場合ニ於テ刑罰ヲ変更スヘキ一切ノ事情ヲ斟酌シ犯人ニ対シ最モ軽キ刑罰ヲ科スルヲ得ヘキ法律ヲ云フ（山岡氏刑法原理七四頁）（ロ）新旧法ノ比照ハ具体的ナラサルヘカラス換言スレハ独リ法定刑ノ軽重ノミナラス被告人各自ニ付テ罪ノ成否刑ノ軽重ニ影響スル一切ノ規定ヲ斟酌セサルヘカラス更ニ之ヲ換言スレハ各被告人ニ付キ仮リニ旧法ト新法トヲ別別ニ適用シ其ノ何レニテモ結果ノ軽キモノヲ実地に適用スヘキモノトス（泉二氏日本刑法論一〇〇頁）（ハ）各法規ヲ対照スルニ当リテハ単ニ其ノ規定スル刑罰ノ範囲内容ノミニ著眼セス広ク新旧法ノ全般ニ著眼セサルヘカラス（小疇氏新刑法論細則五八頁）註其二（第二審判決後法律ノ改正アリタル場合）（イ）上告裁判所カ被告ノ上告ニ依リ第二審判決ノ当否ヲ審査スルニ当リテハ其ノ判決ハ縦令宣告当時ノ法律ニ照シ正当ニシテ之ヲ言渡シタル第二審裁判所ニハ何等過失ノ責ムヘキモノナシトスルモ苟モ現行刑法ノ規定ニ照ラシテ正当ナラサル以上ハ結局擬律錯誤ノ違法アリトシテ之ヲ破毀シ更ニ相当ノ判決ヲ為ササルヘカラス（大審院刑事判決録四一年九五八頁）（ロ）大審院刑事判決録四一年八四九頁（ハ）法曹会決議法曹記事第一七巻一二号三四頁（ニ）第二審判決後ニ於テ軽キ新法カ行ハレタル場合ニ第二審判決カ刑法第六条を適用セサリシ事ヲ理由トシ上告判決ニ於テ原判決ヲ破毀スヘキヤ否ヤニ付テ学者間ニ争アリト雖モ余ハ積極説ヲ採ル（小疇氏新刑法論一二二頁）（ホ）上告裁判所カ法律ノ当否ヲ審査スルニハ必スヤ其ノ審査当時ノ法律ヲ標準ト為ササル可カラス決シテ下級裁判所ノ判決言渡当時ノ法律ヲ標準トナスコトヲ得ス故ニ下級裁判所ノ裁判言渡当時有効ナリシ法律カ上告裁判所ノ判決言渡ノ当時廃止若シクハ変更セラレタル場合ニハ此ノ場合ノ下級裁判所ノ判決モ亦之ヲ法律ニ違背シタルモノト為ササルヘカラス（富田氏刑事訴訟法要論下巻一二二八頁）」

（判旨）「爆発物取締罰則ハ大正七年法律第三十四号ヲ以テ改正セラレ而シテ本件犯罪ハ右改正罰則施行以前ニ在リテ原判決言渡ノ当時改正前ノ爆発物取締罰則施行中ニ係ルヲ以テ原審ニ於テ本件ニ付改正前ノ罰則ヲ適用シタルハ相当ナルカ如シト雖モ本審ニ繋属中右罰則ハ改正セラレ施行ノ効力ヲ生シタルヲ以テ原判決

ノ擬律錯誤ヲ攻撃スル論旨ニ接シタル場合ニ於テ本審ハ当然刑法第六条ニ依リテ新旧両法ヲ対照シ刑ノ変更アリタルトキハ其軽キ刑ヲ適用セサルヘカラサルヲ以テ結局原審ニ於テ新旧両法ノ対照ヲ為ササリシ点ニ於テ原判決ハ擬律錯誤ノ違法アリト謂ハサルヘカラス本論旨ハ此点ニ於テ理由アルニ帰シ原判決ハ破毀ヲ免カレス」(大判大七・六・五刑録二四・六六六)。

前出判例【27】における斎藤裁判官も言われるように、行為時法と裁判時法との間に「介在法」又は「中間時法」(Zwischengesetz) が存在するときは、中間時法もまた当然考慮せねばならない (Schönke-Schröder, Strafgesetzbuch, 11. Aufl. S. 63; Maurach, Allg. Teil, 2. Aufl. S. 105)。

刑法六条は犯罪後の法律によつて「刑の変更」があつた場合であつて、既に旧法において行為が犯罪とせられる場合に関する規定である。従つて、従来は犯罪とせられなかつた行為が新法によつてはじめて犯罪とせられた場合には、その適用がない。判例は、「新法ノ施行以前ニ於テ全ク罪ト為ラサリシ行為ヲ新法ニ於テハ犯罪ヲ構成スルモノトシテ之ニ対シ一定ノ刑罰ヲ加フヘキコトヲ規定スル場合ニ其ノ新法施行以前ノ行為ニ対シテ新法ヲ適用スヘカラサルヤ論ナシ蓋適法ナルモノトシテ為サレタル行為カ後ニ犯罪トシテ処罰セラルルニ至リテハ人ハ安ンシテ社会生活ヲ営ムコト能ハス個人ノ法的安全ハ全ク蹂躙セラルルノ結果ト為ルヘキヲ以テナリ叙上ノ趣旨ハ数個ノ行為カ相結合シテ一罪ヲ構成スヘキ場合ニ於テ其ノ一部ノ行為カ新法施行前ニ行ハレタルトキト雖其ノ理ヲ異ニスヘキニアラスシテ斯ル場合ニハ其ノ全部ニ付其ノ罪ヲ問フコトヲ得サルモノトス」(大判昭一二・五・二六刑集一六・七九〇)としている。同様の見地からすると、新法時の行為と牽連関係にある他の行為が、行為当時の法律上は犯罪とせられず、新法によってはじめて犯罪とせられた場合には、右の他の行為に対して新法を適用することは許されないと解さねばならない。従つて、「所謂牽連犯罪ナルモノハ其手段タル行為ト結果タル行為ヲ通シ相合シテ一罪ヲ構成スルモノニシテ此種ノ犯罪ニ付キテハ其罪ノ完成時期ニ於ケル法律ヲ適用処断スヘキモノナルカ故ニ縦シ本件ニ付キ其手段タル文書ノ偽造行為カ旧刑法時代ニ在リテ既ニ完成シ而シテ当時ニ在リテハ単純ナル文書ノ偽造ハ法律上之ヲ罪トシ論セサリシトスルモ苟モ其結果タル文書ノ行使カ刑法時代ニ於テ行ハレタル以上右両箇ノ行為ヲ通シ相合シテ牽連ノ一罪ヲ構成ス可キ筋合」なりとし、「叙上文書偽造ノ行為ニ対シテモ亦原判示ノ如ク刑法第百五十九条第一項ヲ適用シタ判例（大判大七・七・五刑録二四・九一二）は妥当ではない。しかし同趣旨の判例が少なくない。

又、刑法六条は「犯罪後」の法律によつて刑の変更があつた場合に関するものであり、犯罪の行為中に法律が変り刑の変更があつた場合、換言すると、その行為が旧法と新法に跨つて成立した場合は、もつぱら新法を適用するというのが判例であるが（単純一罪については、大判明四三・五・一七刑録一六・八七八、包括一罪については、大判昭六・一一・二六刑集一〇・六四五、牽連犯については、大判明四二・一一・一刑録一五・一五〇一、連続犯については、大判明四二・九・二七刑録一五・一一八二、継続犯については、最決昭二七・九・二五刑集六・八・一〇九四。これに反し、最判昭三一・一二・二六刑集一〇・一二・一七五二は、旧麻薬取締法の一部を改正して、常習行為の加重処罰を規定した昭和二七年法律第一五二号の施行期日の前後にまたがる行為は、それが「不可分の関係にあつて一罪と認められる場合でない限り、これをその前後によつて区分し、それぞれ所為時法に従つて法律上の処遇を判断すべきものと解する」を相当とする）、しかし、刑法六条は、行為者のための利益規定であるから、行為が新旧両法にまたがつて成立する場合においても、これを準用することは罪刑法定主義の原則に反しないのみではなく、刑法六条の趣旨に合致するといわなければならない。従つて、場合を分けて論じ、単純一罪・継続犯にあつては新法の刑が軽いときは刑法六条を準用し、独立して罪となる数箇の行為を合一して一罪とする場合は、旧法時の行為については刑法六条を準用し、新法時の行為については新法を適用した上で、これを合一して刑法五四条一項又は併合罪の規定を適用するのが妥当である（木村・総論一一〇頁、牧野・日本刑法上巻六七四頁、市川・総論五一二頁。なお、植松・判例評釈集一四巻一七二頁参照）。

次に、刑法六条にいわゆる「法律」は、「国会制定法に限るものでなく、法律であると政令であるとその他の命令であると問わず」（最判昭二四・九・一・）、刑そのもの、又は、刑に関する事項を規定する「全法的状態」(gesamter Rechtszustand) を意味するものと解すべきであるが (Schönke-Schröder, ibid. S.63; Kohlrausch-Lange, Strafgesetzbuch, 42. Aufl. S.42.f.)、問題は、刑法六条にいうところの「刑ノ変更」の意味である。これに関しては、次のような判例がある。

【29】（上告理由）「原判決は昭和二十二年十月二十八日に言渡されたが同月三十一日本件上告が提起されたので現に未だ確定してゐない。之より先同月二十六日刑法中改正法律（新法と称する）が公布され同年十一月十五日から施行された。新法は原判決が本件被告事件に適用した刑法第二百五条第一項については何の変更も加へてゐないが其の総則第四章刑の執行猶予に関する第二十五条を旧法では『二年以下ノ懲役云々』とあつたのを『三年以下ノ懲役云々』と改正して刑の執行猶予の言渡を為す条件を被告人の利益に変更した。斯る変更も亦後に述べるように刑の変更の一場合である。従つて原判決はこの点に於て刑事訴訟法第四百十五条の『判決アリタル後刑ノ廃止若ハ変更アリタルトキ』に該当し破毀を免れない。」

「刑の執行猶予の言渡を為す条件の変更も亦刑の変更の一場合である。蓋し刑の変更と言ふのは新法に於て犯罪行為と定めた正条を以て刑罰の内容及び範囲を変更したばかりでなく広く刑罰に影響のある総ての主観的及び客観的事項について刑法の改正のあつた場合をも含むものであるから である（明治四十一年九月二十六日の法曹会決議御参照）。刑法第六条は犯罪後の法律によつて刑の変更のあつた場合は新旧法を比照して其の軽い方の刑を適用しなければならないと規定して居る。これは犯人の利益のため実体法上特に認められた規定であつて手続法上の規定によつて奪ふことのできない性質のものである。従つて具体的事件に於て判決が未だ確定してゐない限り仮令それが事実審にあると上告審にあるとで其の適用を異にする理由はない。原判決はその言渡当時は未だ新法は施行されてゐなかつた。従つて新旧法比照の問題が起る余地のなかつたことは勿論であるが而し既に新法が施行された今日而も本件上告申立によつて原判決がその確定を阻止されてゐる本件被告事件に於ては軽い新法の刑を適用して法改正の趣旨に添ふため原判決は当然破毀されなければならない。」

（判旨）「刑法第六条は『犯罪後ノ法律ニ因リ刑ノ変更アリタルトキハ其軽キモノヲ適用ス』と定めている。従つて、同条が適用されるには、犯罪の制裁である刑が犯罪時と裁判時の中間において法律の改正によつて変更され、その間に軽重の差を生じたことを前提としている。そして、犯罪の制裁である刑の変更は、刑罰法令の各本条で定めている刑が改正されるときに生ずるのが典型的な場合であるが、なお刑法の総則等に規定する刑の加重減軽に関する規定が改正された結果、刑罰法令の各本条に定める刑が影響を受ける場合にも生ずるであろう。いずれにしても、特定の犯罪を処罰する刑そのものに変更を生ずるのでなければならない。また、刑の軽重は刑法第一〇条によつて刑の種類又は量の変更を標準として判断されるのである。されば、刑法第六条は特定の犯罪を処罰する刑の種類又は量が法律の改正によつて犯罪時と裁判時とにおいて差異を生じた場合でなければ適用されない規定である。しかるに、本件で問題となつている刑の執行猶予の条件に関する規定の変更は、特定の犯罪を処罰する刑の種類又は量を変更するものではないから、刑法第六条の刑の変更に当らない。刑の執行猶予はその性質からいえば、刑の執行を一時猶予するというだけのものである。（刑法第二十七条の効果は同条所定の要件が新たに具わることにより同条に従つて新に発生するものである）

つまり刑の執行のしかたであつて刑そのものの内容ではない。それだから、法律も刑と刑の執行猶予とを全然別に取り扱い各別の章に規定しており又刑の軽重の比較方法を定めた刑法第一〇条も執行猶予には一言も触れていないのである。そこで、刑の執行猶予の条件に関する規定が改正された場合に新旧いずれの規定を適用すべきかは刑法第六条によつて決まるのではなく、改正規定の立法趣旨によつて判断しなければならない問題となる」(最判昭二三・六・二二刑集二・七・六九六、〔研究〕木村・刑法雑誌一巻二号三三三頁、団藤―高田・判例研究二巻四号四三五頁)。

右の判例は、刑法六条にいうところの「刑ノ変更」の意味に関し、「刑の変更は、刑罰法令の各本条で定めている刑が改正され」、又は「刑法の総則等に規定する刑の加重減軽に関する規定が改正された結果、刑罰法令の各本条に定める刑が影響を受け」、「特定の犯罪を処罰する刑そのものに変更を生ずるのでなければならない」、とし、「刑の執行猶予の条件に関する規定の変更は、特定の犯罪を処罰する刑の種類又は量を変更するものではないから、刑法六条の刑の変更に当らない」、としている。

しかし、刑法六条は、行為者の利益規定であるから、たとえ刑そのものに変更がなくても、執行猶予の条件が変更し、執行猶予を付しうる刑の範囲が新法によつて拡大せられた場合には、刑の変更があつたと解するのが妥当である(木村・総論一一一頁、牧野・総論上巻二三九頁、団藤―高田・前掲一〇二頁、柏木・刑法講座一巻六一頁。なお、わが刑法六条に該当する規定を持たないフランス刑法の解釈にあつては、一八九一年三月二六日の執行猶予をはじめて規定した法律に関連して、執行猶予の条件の変更をもつて刑の変更と解するのが通説である。木村・刑法雑誌一巻三三九頁参照)。刑の変更とは、刑そのものの変更だけではなく、刑に関して変更があつた場合をも含むものと解すべきであつて、そう解するのが、行為者の利益のために設けられた刑法六条の真精神に合致した解釈である。その意味で、右の判例と同じ見解を表示した次の判例における真野裁判官の反対意見が、結論において正当であると考える(団藤・綱要総論四九頁註三)。なお、次の判例の判旨（最判昭二三・一一・一〇刑集二・一二・一六六〇ノ二）は、右の判例【29】の判旨と全く同文なので、少数意見のみ引用しておこう。

【30】 ⑴ （反対意見）「本件に関する裁判官真野毅の反対意見は、次のとおりである。

わたくしは、本件を破毀すべきものと考える。刑法には、罪刑法定主義が行われ、刑法不遡及の原則が適用せられる。すなわち、犯罪は、犯罪行為当時に現存する刑罰法規によつてのみ処罰せらるべきものであつて、犯罪時の後に法令の改正があつて裁判時に現行されているとしても、かかる事後法によつて処断することは許されないのである。この一大鉄則に対する例外として、刑法第六条は『犯罪後の法律に因り刑の変更ありたるときは、其軽きものを適用す』と定め、事後法の遡及効をも認めている」。「そこで、昭和二二年法律第一二四号による刑法の一部改正に当り、刑法第二五条の執行猶予言渡の要件たる刑の範囲が『二年以下の懲役又は禁錮』から『三年以下の懲役若しくは禁錮又は五千円以下の罰金』に改められたことが、前述の『刑の変更』に該当するか否かが本件における問題の焦点となるのである。前述の刑法及び刑事訴訟法の一連の規定は、刑法の根本原則に関連する重要なものではあるが、従来裁判の実際においては、あまり論議せられる程の問題を提供することがなかつた。一八七一年ドイツ旧刑法第二条第二項は、『犯罪行為の時からその判決時までに法律が変更したときは、最も寛大な法律が適用せらるべきである』と定め、同一九〇九年予備草案第二条第二項は、『法律が裁判に至るまでに変更したときは、行為者に対して最も有利なる法律を適用する』と定め、現行の一九三五年ナチス刑法第二条a第二項には『裁判時において行為時におけるよりも寛大な法律が存するときは、一層寛大な法律を適用することを得る』と規定している。かくドイツ法制の下においては、最も寛大な法律（ダス・ゲミルデステ・ゲゼッツ）、最も有利な法律（ダス・ギュンスティヒステ・ゲゼッツ）又は一層寛大な法律（ダス・ミルデレ・ゲゼッツ）というのであるから、その適用の範囲は、当然相当広いのであり、又この規定は事実審裁判官に対してのみ適用があると解せられている。これに反して、わが刑法第六条は『刑の変更ありたるとき』というのであり、そして刑事訴訟法によつて上告審裁判官に対しても適用があることになるのであるからドイツ刑法と同様な広い解釈適用を認める訳にはいかない。すなわち、刑の変更による軽い法律というのとただ寛大な法律又は有利な法律というのとでは、前者の方がその適用の範囲が狭かるべきことは、自明であると言い得る」。「しかるに、わが国の従来の学説には、ドイツ刑法の解釈にならつて動もすれば広きに過ぐる適用を認めているものがあるが、それは、彼我の法制が互に似ていてしかも相異る点が厳存することを、看過したのに基く誤つた見解であると言わなければならぬ。

そこで、刑法第六条の正しい適用の範囲としては、刑の変更に関する法令の改廃があつた場合に限定さるべきものであつて、これを超えて広く有利な法令の変更があつたすべての場合を含むものではないと解するを妥当と考える。先ず、㈠刑罰法規の各本条で定めている法定刑そのものが、変更せられた場合を含むと解すべきことは、おそらく何人も異議なきところである。次に、㈡刑法総則等にある刑の加重減免に関する規定が改正せられ処断刑に変更があつた場合をも含むと解すべきである。なぜならば、処断刑の変更もまた法令の改正によつて当然一般的に生ずる刑の変更に当るからである」。「さて、㈢本件執行猶予規定の改正は、『刑の変更』に該当するか否かの問題について考うべき順序となつた……(中略)。『刑』とは、犯罪に対して科せられる制裁そのものであると見れば、固有の意義において『刑の変更』とは、刑の種類又は量に関する変更のみを意味し、本件のごとき刑の執行猶予の要件に関する変更を含まないと解することができよう。けだし、刑の執行猶予は、観念的に見れば性質上刑の内容として刑に内在するものではなくして、ただ刑の執行を一時猶予するに過ぎないものであるからである。しかし、これは全く形式的な物の考え方である。執行猶予を観念的に見ないで現実の制度として考えるときにおいて、それは単に刑の執行を一時延期するというばかりでなく、猶予期間を無事に経過した暁には刑の言渡の効力が失われるという制度であるという実態をそのまま端的に把握しなければならぬはずである。すなわち、実質的には刑の執行猶予は、科刑上刑の量以上に重視すべき大きな価値があるし、又現に実際においても、裁判官、検察官、弁護人、被告人及びその他の関係者にとつて、単なる刑の量などと較べものにならぬ程に科刑上重要視されていることは、今日ではむしろわれわれの動かぬ常識となつている。さらに、法制の上でも刑事訴訟法第四一二条に『刑の量定甚しく不当』という中には、刑の種類又は量の盛り方の不当な場合ばかりでなく、刑の執行猶予をつけなかつた場合をも含むこと並びに一審判決で言渡された執行猶予を控訴審判決で取り除くことは、同第四〇三条にいわゆる重い刑の変更となることは、すでに判例その他において一般に広く承認せられているところである。又刑の執行猶予を求める上告理由をはねる判決において『論旨は結局量刑不当を非難するに帰着する』という風な手法が常套的に用いられている事例は、世人の知るが如く枚挙にいとまがない程である。されば、これらの諸点から観察すれば、本件執行猶予規定の改正は『刑の変更』に該当するものと言うを相当とする。さらに又、『刑の変更』と見るについて争のない刑罰法規各本条の法定刑の変更の場合を例にとつて、別の観点から問題を考察してみよう」。「例えば、詐欺罪で八年の刑が言渡された後に、同罪の法定刑が長期一〇年から長期六年に変更された場合は、新法の下では不適法となるから、原判決が破毀せらるべきはもとより当然であると共に、五年の刑が言渡された後に同様の改正があつたときは、新法の下でも不適法ではないが、さらに新法に従つて量刑をし直すために破毀せらるべきものと言わなければならぬ。すなわち、前者の場合は、刑の変更が必然的に原判決の宣告刑に影響を及ぼす場合であるが、後者の場合は、必然的にではなくただ自由裁量によつて原判決の刑に影響を及ぼす可能性を生ずる場合である。そこで本件執行猶予の改正によつて、原判決で三年の体刑を言渡された者は、新法の下でも必然的に刑の執行猶予を受けるというのではないが、破毀差戻の後事実審の自由裁量によつて原判決の刑に影響を及ぼし刑の執行猶予を受け得るに至る可能性を生ずることは明らかである。それ故、かかる場合をも『刑の変更』と認めることは、各本条の法定刑の変更の場合と対比して同じ根拠に立ち均衡を得たものということができる。」

(2)（補足意見）「裁判官斎藤悠輔の補足意見は次のとおりである。

刑法第六条にいわゆる『刑ノ変更』とは、予め法律を以て規定した『刑罰』の変更すなわち犯罪者の行為規範の違反に対し科すべきものと予定した法律効果たる『制裁』の変更を意味し、広く『刑法』の変更又は刑の適用に関する一切の『裁判規範』の変更換言すれば刑の適用につき、裁判機関に対し命じた行為規範を定めた一切の法規の変更を指すものではないと解すべきである。蓋し、同条は、実体刑法不遡及の原則に対し一大例外を認めたものであるから、その立法趣旨に照しこれを狭く厳格に解すべきは当然であり、そして、同条はその明文上明らかなように、単に『犯罪後ノ法律ニ因リ刑ノ変更アリタルトキハ其ノ軽キモノヲ適用ス』と規定したにとどまり或る立法例のように広く実体刑法規定の変更あつたときは、犯罪者に最も有利な結果を生ずべき一切の規定（刑罰に関すると否と刑の変更に関すると否とを問わない）を適用する趣旨の立法ではないからである。すなわち、同条は、犯罪者の犯罪行為成立（即時犯）又は完結（継続犯）後判決言渡までの間においてその犯罪者の行為規範の違反に対し予定した法律効果を規定した法規に変更を生じたときは、罪刑法定主義の建前からすれば、本来行為当時の刑罰法規を適用すべきものであるのに、犯罪者に対する立法者の恩恵的な法律観念の変化に伴う最も寛大な立法意思の表現である最も軽い法律効果を規定した法規を適用すべきものとして、旧法の外特に新法又は中間法の遡及効を認めたものに過ぎないのである。然るに、いわゆる裁判規範を規定した法規は、犯罪者に対する規範を定めた法規ではなく、裁判機関の為すべき行為の準則法規に外ならないから、裁判機関の為すべき行為当時における法規に従うべく、従つて、或る犯罪後かかる法規の変更があつても常に裁判機関の為すべき行為当時の新法に準拠すべく、特に別段の定のない限り、犯罪者に利益な結果を生ずる旧法又は中間法等の既に失効した法規に従うべき理由がない。そして同条は、前述のごとく、単にその適用を法律効果を規定した法規に限り、一切の刑法規定に及ばないのは勿論、刑の適用又は訴訟手続に関する、裁判規範の変更については何等別段の定をしていないのである。されば、同条に『犯罪後ノ法律ニ因リ刑ノ変更アリタルトキ』とは犯罪行為成立又は完結後公布実施された法律に因り、その犯行以前予めその犯罪行為に対する制裁として規定した当該刑罰法規各本条の法定刑に変更のあつたとき換言すればその犯罪行為に対し予定した制裁の種類又は分量が法律規定の改正の結果或は重く或は軽く変更を来した場合に限ると解すべく、裁判機関が当該法定刑を修正すべき刑罰の加重減軽に関する刑法総則規定（刑法第五四条第五五条をも含む但し後者については刑法の一部を改正する法律の附則において別段の定をしている）若しくは訴訟手続上免訴又は免刑の判決（刑訴第三六三条第二号、第三五九条）を為すべき事由たる刑の廃止又は免除を規定した刑法規定の変更を包含しないものといわねばならぬ。

そして刑の執行猶予に関する刑法総則規定は、法定刑の変更若しくはこれが修正に関する規定ではなく、既に修正を加えられ具体的に確定した一定の宣告刑の執行を一定の期間猶予すべきか否か又はその猶予の取消を為すべきか否かに関する条件を規定したものであり、ただ同法第二七条において一定の場合刑の言渡をしてその効力を失わしめる恩赦的な効果を規定しているに過ぎないものである。そしてこの執行猶予の規定は、もと現行刑法並びに現行刑事訴訟法施行以前の明治三八年法律第七〇号を以て制定せられた単行法律規定であつて、刑の変更又は修正に関する規定でないのみならず、元来本案たる刑の言渡についての判決手続規定ではない。ここを以て現行刑法制定の際刑法総則にこれが条件並びに効果に関する実体的規定を取り入れると共にこれが手続並びに経過法として刑法施行法第一四条第五四条乃至第五八条の規定を設け、更らに旧刑事訴訟法改正の際右刑法施行法の手続規定を廃止すると共にその猶予の取消手続については刑訴第三七四条の決定手続規定を設けその言渡手続については同第三五八条第二項において『刑ノ執行猶予ハ刑ノ言渡ト同時ニ判決ヲ以テ其ノ言渡ヲ為スヘシ』と規定して本案の判決において刑の言渡を為すことを条件とし、その言渡に随伴する附随の処分（刑訴第五二三条第二項参照）として判決を以てこれが言渡を為すべきものとしたのである。されば右立法の沿革からしても刑の執行猶予に関する改正法律は刑法第六条の刑の変更に関する規定に当るものではなく、刑の言渡の附随処分手続に属する裁判規範規定たること明らかである。それ故刑の執行猶予を為すべきか否か若しくはこれが取消を為すべきか否かはこれを決定する権限を有する裁判所が現にその決定を為すべき当時の新法に準拠して為すべきものといわねばならぬ」（最判昭二三・一一・一〇刑集二・一二・一六六〇ノ四）。

右の真野裁判官の反対意見と斎藤裁判官の補足意見には相当重要な問題が含まれている。

まず、刑法六条が刑法の効力不遡及の原則に対する例外だということは普通いわれているところであるが、正確には、例外なりや否やについても論議があるのであつて、元来、罪刑法定主義の結論の一つとしての刑法の効力不遡及の原則というのは、一定の行為を犯罪として罰したり、刑を加重したりする法令の効力不遡及を意味するものであるから、軽い刑を規定した法令を遡及させるという刑法六条は例外規定ではなく、効力不遡及の原則と相対立する対等の原則だというのが正しいのである（木村・刑法雑誌一巻三三六頁）。

従つて、斎藤裁判官が、刑法六条は罪刑法定主義の刑法の効力不遡及の原則に対する「一大例外」であるから、「その立法趣旨に照して狭く厳格に解すべきは当然である」とせられているのは適当ではない。又、斎藤裁判官は、刑法六条は「恩恵的な」規定のようにいわれているが、立法者が刑を廃止したり軽くするのは従来の刑が不必要であるか、不正であつたからであつて、不必要又は不正な刑を適用することは許されないから、当然軽い刑を規定した法令が遡及せしめられるのであり、従つて、軽い刑の遡及は「恩恵ではなく正義」(non pietatis sed justitiae causa) によるのだという主張も有力な学者によつてなされている（Garraud, Précis, 15e éd. 1934, p. 132）。従つて、軽い刑を規定した法令が例外であり、恩恵的なものであるから、狭く厳格に解さねばならぬという理由で、執行猶予に関する規定の変更が刑法六条に関係がないというような解釈もまた適当ではない。

次に、真野裁判官は、ドイツ刑法二条とわが刑法六条とを比較せられ、ドイツ流の刑法の規定に対し、わが刑法六条の適用範囲が狭いのは自明であるとせられているが、しかしそこに、同裁判官のいわれるように、しかく自明の区別があると速断するのは、やや困難である。だが、後に述べるように、これは一理のないことではない。大体において、古い立法では刑の変更があつた場合には軽い刑を適用するとせられていたのが、改められて、法律の変更があつた場合には軽い法律を適用するとせられるに至つたものと見るべきであろう（木村・前掲三三八頁参照）。

ところで、執行猶予という制度は、真野裁判官が正当に指摘せられているように、「猶予期間を無事に経過した暁には刑の言渡の効力が失われるという制度である」。従つて、又、実質的には、刑の執行猶予は「単なる刑の量などと比べものにならぬ程に科刑上重要視されている」。そこで、判例が、刑の加重減軽に関する規定の変更は刑の変更だとしながら、刑に対しそれ以上に重要な意義をもつた執行猶予の規定の変更を刑の変更と見ないのは、執行猶予の本質を誤認したことに由来しているといわざるをえない。執行猶予の条件の変更は、刑の変更であると解するのが妥当である。

結論として、刑法六条にいうところの「刑ノ変更」は、刑そのものの変更だけではなく刑に関して変更があつた場合をも含むものと解すべきであるが、以下に述べるように、又、その場合に限定さるべきものであろう。

【31】（上告理由）「本件は刑法第二百条に該当する犯行でない。百歩を譲り被告人の犯行であるとしても、刑法第百九十九条による普通の殺人未遂である」。「旧親族法第七百二十九条第二項によれば、夫婦の一方が死亡し婚姻解消した時、生存配偶者がその家を去りたるときは姻族関係は此処に止むる旨の規定があつた。即ち、去家ということを姻族関係の消滅要素とした。然し、去家という事は家に入つた者がすることで、元々家に居つた者はどうか規定はない。元々家に居つた者は家を去るという事が出来ないので、生存配偶者の一方が元々家に居つた者である時は、一方の死亡により死亡者側との姻族関係は消滅するものであると思う（中川善之助註釈、親族法上巻第七六頁）。

旧親族法第七百八十八条によれば、妻は婚姻により夫の家に入ると規定せられ、これが原則であり、これが我国に於ける普通の事であれば、夫は妻の死亡により直ちに妻側の者との姻族関係は消滅し、夫死亡の場合は、妻は去家せねば消滅せぬという如き事は憲法第十四条に違反する。此の規定は、現今憲法の下では放置が出来まい。さてこそ、昭和二十二年四月十八日公布法律第七四号は、男女両性の本質平等に立脚する応急措置として、其の第二条を以て戸主、家族、其の他家に関する規定はこれを適用しないと規定した。此の規定に依つて旧親族法第七百二十九条第二項の規定は其の適用がなくなる事は勿論である。元来、姻族関係は婚姻により生じたものであるから、其の解消により消滅する事は当然の事理である。第二審判決は、応急措置法は暫定的のものであるから、生存配偶者たる被告人が去家の手続をせぬ限り姻族関係は存続するというが、これでは尚其の時も家というものがあるのか、上告人は到底此の如き意見には承服出来ない。上告人主張の通りとすれば、本件は、前示応急措置法施行後の法律に照せば普通殺人罪を以て律するのが当然であるから、刑法第六条に所謂犯罪後の法律により刑の変更があつた場合に該当し、普通殺人罪を以て論ずべきものである。」

（判旨）「自己又は配偶者の直系尊属であるか否かは、刑法二〇〇条の罪となるべき事実に属するものであるから、その犯罪成立当時における民事法規等によつて判定すべきものである。従つて、同条の犯罪成立後刑罰法令以外の民事法規が改正され従来の民事法規によれば直系尊属であつた者が仮りにその改正によりその身分を失うに至つたとしても、既に成立した尊属殺の成立を阻却しないばかりでなく、犯罪後の法律によりその刑に変更のあつたときといえないこと多言を要しない。今これを本件に観るに、原判決の確定したところによれば、被告人は、昭和一八年一月中横山光次と結婚し同年一〇月四日その届出をも了し、昭和二〇年一二月二日同人死亡後、同人の実母つねに無断で翌二一年一月二一日付を以て光次の選定家督相続人の届出をして横山家の戸主となつた者であるところ、同二一年二月二四日午後二時半頃同居中の右つねの不在中殺意を以て自宅炊事場の飯櫃に残つていた飯の上に青酸加里粉約一瓦を撒布して置いたが、つねにおいて同日午後六時頃右飯を一口口にしただけでその異変に感ずき吐き出したため殺害の目的を遂げなかつたというのである。従つて、右犯行当時の民法七二九条二項によれば、被害者横山つねは、被告人の配偶者光次の直系尊属であつたこと明白である。されば、昭和二二年法律七四号（日本国憲法の施行に伴う民法の応急的措置に関する法律）三条、及び附則一項の規定によつて、右民法七二九条二項の規定が本件犯行後一年二箇月余を経た同二二年五月三日以後適用がなくなり、それと同時に仮りに所論のごとく姻族関係が消滅したとしても（当裁判所は右措置法施行後も姻族関係は夫婦の一方が死亡しただけでは消滅しないという見解を支持する）、前述の理由により本件犯罪の成立または法定刑に影響を及ぼすものとはいえない。それ故、所論は、既にその前提において採用できない」（最判昭二七・一二・二五刑集六・一二・一四四四、〔研究〕木村・刑法—活きている判例二五頁、大塚・判例評釈集一四巻二四二頁）。

右の判例には、なお、刑法二〇〇条は憲法一四条に違反する無効の規定であるから、これを適用した原判決は破棄されるべきであるとする真野裁判官の反対意見があり、尊属殺の規定が違憲かどうかについても問題があるが、これは今別論として、右の判例を検討するについては、二段の考察が必要となろう。

第一は、本件の場合に民法応急措置法三条の「戸主、家族その他家に関する規定は、これを適用しない」という規定によつて、「直系尊属」の範囲に変更がもたらされ、被告人と被害者との間に従来の尊属・卑属関係が消滅することになつたかどうかであり、第二は、もし、そのような変動が生じたとすれば、それが刑法六条の「刑ノ変更」に該当する場合であるかどうかである（大塚・前掲二四五頁）。しかし、判旨は、右の第一の問題に対しては特に積極的な解明を与えることなく、ただ傍論として「当裁判所は右措置法施行後も姻族関係は夫婦の一方が死亡しただけでは消滅しないという見解を支持する」といい、「仮りに所論のごとく姻族関係が消滅したとしても」と述べて、直ちに刑法六条との関係において事を論じているに過ぎない。そして、右の第一の点についても問題がない訳ではないが（大塚・前掲二四八頁以下のほか、最判昭三二・二・二〇刑集一一・二・八二四以下参照）、ここでは、判旨に従つて、民法応急措置法によつて従来の「直系尊属」の範囲に変更がもたらされ、行為時には被害者は被告人にとつて直系尊属であつたが、裁判時には既にその関係が消滅したという仮定の下に、「刑ノ変更」の有無を問題としよう。

そこで、民事法規の改正によつて直系尊属の範囲に変更がもたらされたとき、それが刑法二〇〇条について、刑法六条にいう「刑ノ変更」を生じたことになるかどうかの問題であるが、これは、従来ドイツにおいて大いに争われてきた、いわゆる「非刑罰法規の変更」が果して軽い事後法として遡及力を有するか否かの問題に外ならない(この問題については、Kohlrausch, Diestrafrechtliche Rückwirkung einer außerstrafrechtlichen Gesetzänderung, ZStW. 23.Bd. 1903, S.41 ff.; Liszt-Schmidt, ibid. S.114 f.; Mezger, Lehrbuch, 3.Aufl. S.69 等参照)。

しかし、その場合、わが刑法六条とドイツ刑法二条三項、およびそれと同趣旨のわが改正刑法仮案六条、改正刑法準備草案七条二項の相違を看過してはならない。ドイツ刑法二条二項では、犯罪後に「法律の変更」(Verschiedenheit der Gesetze)があつた場合というにとどまり、わが刑法六条のように「刑ノ変更」があつたときとはしていない。従って、ドイツ刑法では、刑に関する法律の変更でなく、刑法以外の法律の変更によつても具体的に適用する刑罰法規が軽くなつた場合には、その軽い規定の適用がある訳であつて、民事法規の改正もまた「法律の変更」と解せられうる(Vgl. Liszt-Schmidt, ibid. S.114)。しかし、わが刑法六条を同様に解することは許されないのであつて、軽い刑法の適用は、法律によつて刑そのもの、又は刑に関する変更があつた場合に限られ、刑罰の前提条件たる犯罪の成立範囲の変更は「刑ノ変更」とはいいえない。

右の判例は、本件の場合、犯罪後の法律により「刑の変更があつたときといえないこと多言を要しない」としているが、なぜ刑の変更があつたときといえないのかという理由を明白に説明してはいない。しかし、もし犯罪後になされた民事法規の改正により被害者が直系尊属でなくなれば、具体的な法の適用にあつては普通殺人の規定を適用しなければならないから、刑の変更があつたということもいいえないではない。その意味において、刑の変更があつたときといえないことは、「多言を要しない」ほど明白とはいいえない（牧野・総論上巻（全訂版）二三九頁は、右の判例の見解に対して異見を有する旨を明らかにせられ、「右の尊属殺事件は、価格統制事件における告示の変更の場合に比し、それに対する社会的見解が全く性質を異にするものである」とせられ、小野・判例評釈集一六巻四〇八頁も「民法改正前に継父母を殺した継子は民法改正後も依然として尊属殺の罪責を免れないという最高裁の判例に対して（昭和二七年一二月二五日刑集六巻一四四二頁）、私は疑を懐くものである。民法の改正によつて刑法二〇〇条の『直系尊属』の概念そのものが修正されるのではないだろうか。これを統制価格に関する告示の廃止又は変更とを同一視することはできない」とされる）。

しかし、判例の見解は、結論的には妥当なものであり、民事法規の改正によつて「直系尊属」の範囲が変更したのは、単に尊属殺の規定の適用範囲が変更しただけで、刑法各本条に規定した刑そのものはもちろん、刑に関して変更があつたとはいいえず、従つて刑法六条の適用がないと解すべきである（なお、団藤・総論五一頁は、「刑法第六条――そうして刑訴第三三七条第二号――は罪刑法定主義につながる大原則であつて、特別の明文がないのに、取締目的などを理由として簡単に例外を認めるべきものではない」とせられた後、「もつとも、ここに注意しなければならないのは、構成要件そのものを定める法規には変更がなく、単に構成要件にあたる事実の面において法規の変更があつたにすぎないばあいである（両者の区別は困難なばあいがあるが、当の法規が犯罪の定型性そのものを規定しているかどうかによつて判断される）。たとえば、継親子のあいだには従来親子間におけると同一の親族関係を生じるものとされていたが（民法旧七二八条）、民法の改正によつてこの規定はなくなつた。しかし、民法改正前に継父母を殺した継子は、民法改正後も依然として尊属殺の罪責を免れない（最判昭和二七年一二月二五日刑集六巻一四四二頁参照）。同様にまた、たとえば、価格統制に関する法規において、統制価格が告示にゆずられているばあいには、告示の改廃は価格統制違反の罪責に影響を及ぼさないものと解するのが妥当である」とせられている。大体同説と考えてよいであろう。大塚・前掲二四六頁以下参照）。

右の判例と同趣旨の判例の中では、次の判例が重要であろう。

【32】 (1) 「ロの島を含む北緯三〇度以南、北緯二九度以北の南西諸島は、本件犯行の当時においては、昭和二四年五月一四日法律第六五号、関税法の一部を改正する等の法律により改正された関税法一〇四条に基づく昭和二四年五月二六日大蔵省令三六号により関税法の適用については外国とみなされていたのであるが、右大蔵省令を改正した昭和二七年二月六日大蔵省令五号により、昭和二七年二月一一日以降は右の地域は、外国とみなされなくなり本邦の地域となつたことは前記法令自体で明である。所論は右法令の経過に

徴すれば本件所為については原判決言渡（昭和二七年一二月四日）当時において犯罪後の法令により刑の廃止があつた場合にあたるにもかかわらず原判決は免訴の言渡をしなかつた違法があると主張し、又は更に右の前提に立つて憲法違反を主張するのである。しかしながら右大蔵省令五号によつて外国とみなされる地域に変更があつても、外国又は外国とみなされる地域と本邦との間において、免許を受けないで貨物を輸出または輸入することが禁ぜられているという関税法上の規範は、昭和二七年二月一一日の前後を通じて依然として存続され、従つて無免許輸出または輸入という所為の可罰性に関する法的価値もまた終始かわるところがないと解すべきであるから、右地域の変更は昭和二七年二月一一日以前に成立した関税法七六条違反の罪の処罰に何ら効果を及ぼすものでないと解するのが相当である。されば右大蔵省令五号の施行によつて本件所為について刑の廃止があつたとする所論はいずれも理由がない。」

(2)（少数意見）「裁判官真野毅、同小谷勝重、同藤田八郎、同河村又介、同谷村唯一郎、同小林俊三の少数意見は、本件において被告人らが物資を密輸出又は密輸入をしたとされている口の島を含む北緯三〇度以南、北緯二九度以北の南西諸島は、本件犯行当時においては、関税法の適用については外国とみなされていたのであるが、昭和二七年二月一一日以降は、外国とみなされなくなり本邦の地域となつたことは多数説の判示するとおりである。かかる場合においては、右地域が外国とみなされていた間に、右地域に向け密輸出なし、又は右地域より密輸入した罪については、犯罪後の法令により刑の廃止があつたものと解し、被告人らに対しては刑訴四一一条五号により原判決を破棄し同法三三七条二号を適用して、被告人らを免訴すべきものであること昭和二七年（あ）第四三四号同三〇年二月二三日言渡大法廷判決記載の真野、小谷、藤田、河村、谷村、小林六裁判官の少数意見のとおりである」（最判昭三〇・七・二〇刑集九・九・一九二四、〔研究〕下村・法学セミナー六一号一八頁）。

右の判例の少数意見が引用している最判昭三〇・二・二三刑集九・二・三四四は、右と同じ関税法七六条及び一〇四条の規定に関して生じた問題について、刑の廃止に当らないとする同趣旨の最高裁判所判例の最初のものとせられているが（宮崎・免訴の裁判一〇二頁）、判示は直接には刑の廃止にふれるところがない。ただ、刑の廃止にあたるとする少数意見を排斥し、刑の廃止にあたらないとする立場に立つものであることは間違いなく、前記判例集登載の判決要旨には、「南西諸島大島群が外国とみなされていた当時、免許を受けないで日本内地から同地域へ、若しくは同地域から日本内地へ貨物を密輸出し、若しくは密輸入した罪については、その後右地域がわが国に復帰し外国とみなされなくなつても、刑の廃止があつたものとはいえない」と表示せられている。そして、右の多数意見に対する少数意見の中に示された見解が、後に多数意見となつて判例が変更されているので、次に、その少数意見のみ引用しておこう。

【33】（少数意見）「関税法違反の罪については被告人等を免訴すべしとする裁判官真野毅、同小谷勝重、同藤田八郎、同河村又介、同谷村唯一郎、同小林俊三の少数意見は、次のとおりである。

本件において、被告人等の関税法違反の罪ありとせられた事実（第一審判決第二、第三の(ロ)、第四の(一)(二)）は、被告人家永清次は所定の免許を受けないで、昭和二五年六月二九日頃、杉板五百坪等の貨物を神戸港において神福丸に積載し、同年七月一日頃同港を出港し、同月四日頃南西諸島大島郡大和浜にこれを陸揚して、貨物の密輸出を為し、被告人河村源三郎は同人所有の真鍮屑一五五・五瓩等の貨物を夫々密輸入する目的を以て、同年九月二日頃より同月四日頃迄の間南西諸島大島郡名瀬港において神福丸に積込み、所定の免許を受けないで同月四日同港を出港し、同月五日午後六時三十分頃北緯三十度線をこえて日本領海内に入つたが、その貨物陸揚をしないうちに官憲に発見され、もつて密輸入の目的を遂げず、被告人藤川篤男は右神福丸の船主として、被告人家永、河村等の依頼を受け、右密輸出入の情を知りながら右貨物の同船への積載を許し、前記のごとく密輸出入貨物の運搬を為した、というのであつて、多数意見によれば右被告人等の行為は関税法七六条一項、二項に該当するというのである。

しかしながら、右南西諸島大島郡大和浜及び名瀬港は、右行為の当時においては、関税法（昭和二四年五月一四日法律六五号の改正にかかるもの）一〇四条、昭和二四年五月二六日大蔵省令三六号『関税法一〇四条に基く附属島嶼を定める省令』によつて、外国と看做されていたのであつて、これが為め右地域に対する貨物の輸出若しくは、右地域よりする貨物の輸入については、関税法により免許を受けることを要するものとせられ、免許を受けないで、貨物の輸出入を為したる者（若しくはその為さんとしたる者）は、同法七六条の罪に該当するものとせられたのである（原判決宣告当時も同様）。その後、右大蔵省令は昭和二七年四月一六日大蔵省令四二号（平和条約発効の日より施行）によつて廃止されると同時にこれに代るものとして制定された昭和二七年四月七日政令九九号（平和条約発効の日より施行）もまた引続き、右の地域は、関税法上『外国と看做される』旨規定していたのである。しかるに昭和二八年一二月二四日政令第四〇七号『アマミ群島の復帰に伴う国税関係法令の適用の暫定措置に関する政令』（同年同月二五日より施行）附則八項により右政令九九号が改正せられた結果、右地域は、これを外国と看做されないものとされた。すなわち、爾後同地域に対する貨物の輸出若しくは、同地域よりする貨物の輸入については関税法所定の免許を受けることを必要とせず、従つて、右輸出入の行為については、同法七六条罰則の適用を見ないこととなり、本件各行為のごときは何ら、犯罪を構成せざるものとなつたのである。かくのごとき場合、本件行為に対しては、刑訴四一一条五号にいわゆる『判決があつた後に刑の廃止』のあつたものと解するを相当とするが故に、同条に従い、この部分に関する原判決を破棄し、同法三三七条二号を適用して、如上の所為につき被告人等を免訴すべきものと思料する。

裁判官小林俊三の意見は次のとおりである。

本件被告人等の関税法違反の罪は免訴すべきものであること別項他の五裁判官と共にした少数意見のとおりであるが、その理由がきわめて簡単であるから、私かぎりの意見を加える。

本件において特に注意を要する点は、本件被告人等が関税法違反の罪に問われたのは、行為の行われた地域が、本来ならばわが国の領土の一部であつて密輸出入などという問題を生じない筈であるのに、当時の特別の事情（占領状態）に基づく法令上、これらの地域を『外国ト看做』していたために、その理由からそうなつたということである。そしてその根拠となる刑罰法規は、昭和二四年五月一四日法律第六五号による一部改正の関税法一〇四条、七六条と昭和二四年五月二六日大蔵省令第三六号であるが、この立法が当時わが国の領土の一部である本件地域を外国とみなしたことは、なんらわが国わが国民にとつて特別に必要な理由があつたのではなく、全く当時（占領下）の連合国との関係からやむを得ず行つた措置であつて、実質的には連合国の便宜利益以外の何ものでもなかつたと見るべきである。右刑罰法規は形式上わが国独自の立法であるから、本件について直接連合国最高司令官の指令との関係をここにもつて来ることはできないが、かかる立法の事実的背景が右のごとくである以上、占領という関係がなければ本件の地域を外国とみなす立法は成立しなかつたであろうし、従つてまた本件被告人等の行為に刑罰を科するようなことは起り得なかつたであろうことを推認することができる。本件について刑の廃止があつたかどうかは、まず右に述べた事実関係を前提として考えなければならないと思う。

そこで本件の問題を行為の可罰性の面から考えてみるに、一般に特定の刑罰法規が明らかにその有効期間を定めていない場合後にその法規の改廃が行われても、それだけで常に直ちに刑の廃止があつたと解することはできないが、その行為に対する国家的または社会的評価が裁判時において全く変更し可罰性ある社会悪としての本質を根本的に失つてしまつた結果、行為時における関係も同様に消滅したと見なければならないような場合は、刑の廃止があつたと解すべきものである。すなわち刑罰規範が規範として存立するのは、本質的には処断される違法行為の根底にその国民の是認する反社会性反道義性が存在するためであるから、この関係が裁判時において全く消滅し、そのため行為時におけるこの関係をも是認することができなくなつたような場合は、行為時においてのみ当時の評価を存続せしめることは不可能であつて、刑罰はその根拠を欠くに至つたと見るべきである。

そこでさらに本件の関係地域について考えてみると、南西諸島大島郡大和浜とか同名瀬港とかは、本来日本の領土の一部であるから、九州本州等との交通ないし物資の交流は日本人であるかぎり、法律上全く何の妨げもなかつたのであつて、いいかえれば不正でも不当でもなく、まして可罰性について言及する余地などは全くなかつたのである。それにもかかわらずわが国が形式においても独自の立法によつてこれらの地域を『外国ト看做』す法規を定めるに至つたのは、わが国の降服による占領状態と、これに基づく連合国最高司令官の指令のもつ力によつて余儀なくされたためにほかならない。本件の刑罰法規は、直接の指令によつて成立したものではないけれども、右のような関係によつたものであることは、ポツダム宣言（特に八項）や降服文書を源とする一連の指令等によつて明らかである」。「そして以上のような経過によつて一時外国とみなされた地域が、平和条約発効とともに、完全無条件にわが国の領土に復帰するかどうかは、主として連合国との条約に依存するところであつたが、わが国としては当然その復帰を期待する関係にあつたことは明らかである。従つて平和条約発効後なお本件地域を外国とみなす期間がつづいたとはいえ、遂に昭和二八年一二月二四日政令第四〇七号により、法制上の措置としてこれに関する法規が廃止されるに至つたことは、本件に関する地域が全く密輸出入というようなことが起り得ないはじめの状態に戻つたことにほかならない。このことは前に述べた単にある行為に対する評価が裁判時において変更したというよりは、むしろはじめから適法な行為であつた状態に復したというのが事実に適合し、なお強く刑の廃止があつたと解すべき十分な理由があるといわなければならないのである」（最判昭三〇・一一・二三刑集九・一一・二三五五、〔研究〕吉田常次郎・刑事法判例研究四二頁）。

右の判例【33】の少数意見も、小林裁判官のいわれるように、その理由はきわめて簡単であり、政令が改正せられた結果、当該地域が、外国と看做されないものとされ、「本件各行為のごときは、何ら犯罪を構成せざるものとなつた」。このような場合、刑の廃止のあつたものと解するのを相当とする、というだけである。これに対し、小林裁判官の少数意見は詳細ではあるが、要するに一種の動機説であり、ただそれが、前出判例【6】と同じく、その追及効を否定する方向での動機説と同じ考え方のものといつてよいであろう。

ともあれ、右の二判例の場合も、関税法七六条、一〇四条によつて、「外国」とみなされた地域の変更、換言すれば犯罪の成立範囲に変更があつただけで、「刑ノ変更」がなかつたのであるから、結論としては妥当な判例である（同旨、吉田・前掲四四頁）。

ところが、最高裁判所は、その後の次の判例で、同様の事実について、犯罪後の法令により刑の廃止があつたものと解している。のみならず、右にかかげた二つの判例およびこれと同趣旨の判例を変更する旨を宣言しているのであるが、しかし、果たしてそれが最高裁判所の固定した判断といえるかどうか疑問である（下村・前掲二〇頁以下参照）。

【34】　(1)「職権により調査すると、本件公訴事実は、被告人は、李三公、平千作等と共謀の上、九州から北緯三〇度以南の南西諸島奄美大島へ貨物を密輸出し、また同地から本邦に貨物を密輸入しようと企て　(一)

税関の免許を受けないで、脱穀機、鋤、ミシン、下駄、昆布、木材、氷かき機、イチゴ水等を船舶に積載して熊本県八代港を出航し、昭和二四年七月二三日奄美大島野見山海岸に到着し、その頃右貨物を同所へ陸揚して密輸出をなし、㈡同月三〇日頃奄美大島の黒砂糖を税関の免許がないのに船舶に積載して同所を出帆し同年八月一日頃福岡県大川等まで輸送して密輸入を図つた、というのである。

そして右奄美大島は右犯行当時以降昭和二八年一二月二四日までは、旧関税法（昭和二四年五月一四日法律六五号により改正された明治三二年法律六一号）一〇四条、昭和二四年五月二六日大蔵省令三六号により、又は昭和二六年一一月二九日法律二七一号により改正された右旧関税法一〇四号、昭和二七年四月七日政令九九号により、右旧関税法の適用については、外国とみなされていたのであるが、昭和二八年一二月二四日政令四〇七号『奄美群島の復帰に伴う国税関係法令の適用の暫定措置に関する政令』附則八項により、右政令九九号は改正され、同月二五日以降は、外国とみなされなくなり、本邦の地域とせられることとなつた。従つて同日以降は、本件公訴事実のような、税関の免許を受けないで、貨物を奄美大島に輸出する行為及び同島から貨物を輸入しようと図ることは右政令九九号改正の結果として、何ら犯罪を構成しないものとなつたのであつて、これによつて右行為の可罰性は失われたものというべく、本件は、刑訴三三七条二号にいう『犯罪後の法令により刑が廃止されたとき』に該当するものと解しなければならない。従つて弁護人の上告趣意に対する判断をするまでもなく、原判決及び第一審判決は、これを破棄しなければ著しく正義に反するものと認める。この点に関する従来の当裁判所大法廷の判例（昭和二七年（あ）第四三四号、同三〇年二月二三日判決〔集九巻二号三四四頁〕、同二八年（あ）第三七一号、同三〇年七月二〇日判決〔集九巻九号一九二二頁〕、同二八年（あ）第一六一一号、同三一年五月二三日判決〔集一〇巻五号附録一頁〕、同二九年（あ）第一九一七号、同三一年七月四日判決、同三〇年（あ）第一二二七号、同三一年七月一一日判決〔集一〇巻七号一〇三五頁〕、同二九年（あ）一二七九号、同三一年七月一八日判決、同三〇年（あ）二七六三号、同三一年九月二六日判決〔集一〇巻九号一四〇三頁〕等）は、これを変更する。」

(2)（反対意見）「裁判官田中耕太郎、同島保、同斎藤悠輔、同入江俊郎、同池田克及び同高橋潔の反対意見は、次のとおりである。

奄美大島は、旧関税法（昭和二四年五月一四日法律六五号により改正された明治三二年法律六一号）一〇四条、昭和二四年五月二六日大蔵省令三六号により、又は昭和二六年一一月二九日法律二七一号により改正された右旧関税法一〇四条、昭和二七年四月七日政令九九号により、右旧関税法の適用については、外国とみなされていたのであるが、昭和二八年一二月二四日政令四〇七号『奄美群島の復帰に伴う国税関係法令の適用の暫定措置に関する政令』附則八項により前記政令九九号は改正され同月二五日以降は、右の地域は、外国とみなされなくなり、本邦の地域となつたことは、前記法令自体で明らかである。従つて、同日以降は本件犯行のような奄美大島へ貨物を密輸出し、または、同地から本邦に貨物を密輸入する行為は、関税法違反罪とならないことはいうまでもないところである。

しかしながら、右大蔵省令又は政令によつて外国とみなされる地域に変更があつても、外国又は外国とみなされる地域と本邦との間において、免許を受けないで貨物を輸出又は輸入することが禁ぜられているという関税法上の規範は、昭和二八年一二月二五日の前後を通じて現在に至るまで依然として存続され、従つて、無免許輸出又は無免許輸入という所為の可罰性に関する法的価値もまた終始かわるところがないと解すべきである。それ故、右地域の変更は、昭和二八年一二月二五日以前に成立した旧関税法七六条違反の処罰に何ら影響を及ぼすものではないといわなければならない。それは、例えば、通貨偽造罪成立後当該種類の通貨だけが法令によりその通貨としての強制通用力を失い、又は収賄罪成立後当該公務員の官職だけが法令により廃止されても既に成立した犯罪の処罰に少しも影響を及ぼさないと同じことである。されば、前記政令の施行によつて本件行為について刑の廃止があつたとすることはできない。それ故、多数説は失当であつて、従前の判例は変更すべきでない」（最判昭三二・一〇・九刑集一一・一〇・二五〇〇、〔研究〕平場・判例演習刑法総論九頁）。

右の判例は、すでに述べたような刑法六条の「刑ノ変更」の意味、従つて、すでに述べたような刑法六条の規定の特殊性を完全に没却し、単に刑罰の前提条件たる違反行為の成立する地域の変更をも刑の変更と解した点において根本的に誤つていると解する。そして、その意味において、右の判例の反対意見として主張せられている見解を結論的には妥当なものと解する。右の判例の反対意見は、前出判例【32】の判旨と大体同文であるが、「大蔵省令又は政令によつて外国とみなされる地域に変更があつても、外国又は外国とみなされる地域と本邦との間において、免許を受けないで貨物を輸出又は輸入することが禁ぜられているという関税法上の規範は、昭和二八年一二月二五日の前後を通じて現在に至るまで依然として存続され、従つて、無免許輸出又は無免許輸入という所為の可罰性に関する法的価値もまた終始かわるところがないと解すべきである。それ故、右地域の変更は、昭和二八年一二月二五日以前に成立した旧関税法七六条違反の処罰に何ら影響を及ぼすものではないといわなければならない。それは、例えば、通貨偽造罪成立後当該種類の通貨だけが法令によりその通貨としての強制力を失い、又は収賄罪成立後当該公務員の官職だけが法令により廃止されても既に成立した犯罪の処罰に少しも影響を及ぼさないのと同じことである。されば、前記政令の施行によつて本件所為について刑の廃止があつたとすることはできない」としている。

右の判例【34】の反対意見と同趣旨の判例として、次の判例も引用しておきたい。

【35】 (1) 「所論は、本件犯行の当時禁止されていた馬鈴薯の輸送は、昭和二四年一二月一日からその禁止が撤廃されたから、現在では犯罪を構成しないことになつたので原判決の破棄を求めるというのである。しかし、主要食糧を法定の除外事由なくして輸送することを禁止する法規範を定めた食糧管理法施行規則二三条の七（その後二九条）の規定は、本件犯行の昭和二二年八月二九日及び同月三〇日当時においては勿論、現在でもなお厳として存在する。ただ本件犯罪成立後昭和二四年一二月一日公布農林省令一一五号によつて食糧管理法施行規則二九条の一部は改正せられ、本件犯罪の目的物と同種類の馬鈴薯が主要食糧から除かれ、従つて、馬鈴薯については同年同月同日以後輸送しても差支えなくなつただけである。それは例えば通貨偽造罪成立後当該種類の通貨だけが法令によりその通貨としての強制通用力を失い、又は収賄罪成立後当該公務員の官職だけが法令により廃止されても犯罪の成立に影響のないのと同じことである。されば、右省令は、既に成立した主要食糧輸送禁止違反の犯罪に対する刑罰を廃止したものとはいえないから、所論は採用できない。

この判決は、第三点に関する裁判官真野毅の意見を除き、その余は全裁判官の一致した意見である。」

(2) （反対意見）「裁判官真野毅の反対意見は次のとおりである。

本件犯行当時食糧管理法施行規則二九条で禁止されていた馬鈴薯の輸送は、昭和二四年一二月一日同条の改正により禁止が解かれ、その輸送行為に対する処罰規定はなくなつたのである。すなわち、主要食糧を輸送することを禁止する法規が本件犯罪当時も現今も存在することに間違はないが、現今においてはその主要食糧の中から馬鈴薯は除かれてしまつたのであるから、馬鈴薯の輸送は犯罪とならず、従つて刑罰も科せられない法律状態となつたことは一点疑の余地もないところである。それ故、かかる事態は、刑法六条、旧刑訴三六三条にいわゆる刑の廃止に当ることは明らかであるから、本件は破棄免訴すべきものである。その詳細の理由は、昭和二五年一〇月一一日大法廷判決（同二三年（れ）八〇〇号）の中で述べた趣旨と同様で

ある」（最判昭二六・三・二二刑集五・四・六一六、〔研究〕武安・判例評釈集一三巻八四頁）。

右の判例について、武安氏は、「判旨の結論には賛成であるが、その論旨には反対である」とされ、「本件は限時法の問題として上告を棄却すべきであつた」とされる（武安・前掲八五頁以下）。しかし、まず本件の場合、刑の廃止の問題であるかどうかが問題なのであつて、反対意見を書いておられる真野裁判官も言われるように「主要食糧を輸送することを禁止する法規が本件犯罪当時も現今も存在することに間違はない」。ただ本件犯罪成立後、省令によつて馬鈴薯が主要食糧から除かれ、馬鈴薯については以後輸送しても差支えなくなつただけである。判旨は、「それは例えば通貨偽造罪成立後当該種類の通貨だけが法令によりその通貨としての強制通用力を失い、又は収賄罪成立後当該公務員の官職だけが法令により廃止されても犯罪の成立に影響のないのと同じことである」としているが、「この場合は明らかに犯罪の構成要件と関係のない事実関係を規定する法令の改正があつたに止まるのであつて、本件の場合と同視することはできない」と武安氏はいう（前掲八六頁）。そして、「本件の裁判をされた斎藤、沢田両裁判官は、前記最高裁判所の判例（Ⅱ判例の(3)【26】）においても少数意見として、統制額を指定する告示の不存在ないし改廃の問題は、犯罪構成要件を具体的に充足するか否かの事実問題であつて刑罰の変更又は廃止等の法律問題ではないとされており、本件の場合にもこの論旨を推し進めたものと推定される」としておられるが、松尾助教授によると、限時法に関する判例のうち、「刑の廃止」にあたらないとして有罪を維持するものの理由づけには、二つの類型があるといわれる（松尾・行政判例百選七四頁）。一つは、当該法令の「限時法的性格」を根拠とするもので、前出判例【16】【17】は黙示的に、判例【2】は明示的にこの考え方を展開しているが、すでに見たように、この考え方は、「司法実務の上で根強い支持をもつものと思われる」。それは、実質的な処罰価値と現実の可罰範囲を一致させうるところにあるが、最近の学説は、これに対してきびしい批判を示すことが多い。批判の要点は、明文に添わない処罰は罪刑法定主義に反するというのであり、又、実質的な処罰価値を標準にするのは法的安定性を欠き、この点でも罪刑法定主義に遠ざかる、というのであるが、「かような理論的困難からのがれ、しかも判例の結論を支持するための努力が、次の第二類型の見解を導いたといえる」、とされる。

たとえば、前出判例【32】について考えてみると、密輸出入行為者を処罰する旨を定めた関税法七六条には変更がなく、改廃されたのは「外国」の範囲を定めた大蔵省令だけである。この場合、犯罪の構成要件は前者で完結しているとみれば、後者の改廃は、団藤教授のいわゆる「構成要件にあたる事実の面における法規の変更」にすぎず、構成要件そのものを定める法規には変更がないので、「刑の廃止」は問題とするまでもないことになる。

判例【32】および判例【35】は、ここにいう第二類型に属し、判例【26】の(3)の補足意見に、その萌芽がある。又、判例【34】の(2)の反対意見にも同様な見解が示されている。これは、「罪刑法定主義違反の非難を避けた巧妙な解釈論といってよいが、問題は、構成要件の完結性の契機をどこに見出すかであり」、それによって、判例【32】と【34】のように結論が逆転することにもなる（下村・法学セミナー一六一号一二頁がいうように、このような立場からは、たとえば判例【32】において、問題は、無免許輸出入行為の可罰性に対する法的評価の変更があつたと解すべきかどうかにある。その場合、無免許輸出入行為一般の可罰性は、地域の変更によつて何ら影響を受けていないのであるから、法的評価の変更はなかつたものと解するのが妥当であろう。しかし、もし具体的に当該行為について考えてみると、地域変更後の同じ行為について可罰性が消滅したことは明瞭である。要するに、法規範の変更といつても、抽象的法規範の変更と具体的法規範の変更とが考えられるわけである）。「しかし、形式的に明確な基準をたてることは困難で、改廃された規範の内容が、構成要件を分化させるだけの重みをもつているかどうかという実質的な基準に頼らざるをえないであろう」（松尾・前掲七四頁）といわれるが、「定型性の発見自体が多くのばあい困難な作業であり、裁判官の主観をいれる余地が相当に大きいことは否定できない」（松尾・刑法基本問題37講一二一頁）。そこで、すでに述べたように、わが刑法六条の軽い刑法の遡及は、法律によつて刑そのもの、又は刑に関する変更があつた場合にかぎられ、刑の前提条件たる犯罪の成立範囲の変更は、それが構成要件そのものの変更によると、構成要件にあたる事実の面における法規の変更によるとを問わず、すべて「刑ノ変更」といいえないので、刑法六条の適用がないと解すべきである。その意味で、次の判例は妥当ではない。

【36】(1)「職権により調査するに、第一審判決の確定したところは、被告人は連合国最高司令官の承認を受けないで昭和二六年五月二五日頃鹿児島港を出帆し不法に本邦から出国したものであるというのであるから、その行為当時においては、昭和二二年四月一四日附連合国最高司令官の『日本人の海外旅行者に対する旅行証明書に関する覚書』により禁止され昭和二五年政令第三二五号違反として処罰されていたのである。そして同覚書はその後昭和二六年六月二日附同司令官の『旅券発行の権限に関する覚書』により廃止されたが同時に右新覚書は同一事項を指定指令したので被告人の行為は依然として前記政令違反として処罰されていたのである。しかし、その後昭和二六年一一月二六日附連合国最高司令官の『日本人の海外旅行』と題す

る覚書（SCAPIN二一八五号）により、同年一二月一日以降は、日本人が海外に旅行するにあたつては、連合国最高司令官の承認乃至許可を受けることを要しないこととされ、前記『旅券発行の権限に関する覚書』は廃止されたので、昭和二五年政令第三二五号第一条違反ということはあり得ないこととなり、従つて処罰されることもなくなつたのである。されば本件被告人の行為に対しては、昭和二六年一二月一日より刑の廃止があつたものと解さなければならない。」

(2)（反対意見）「裁判官田中耕太郎、同斎藤悠輔及び同本村善太郎の反対意見は次のとおりである。

多数説は、要するに、昭和二六年一一月二六日附連合国最高司令官の『旅券発行の権限に関する覚書』は同年一二月一日以降廃止されたので、昭和二五年政令三二五号一条違反ということはあり得ないこととなり、従つて、処罰されることもなくなつたから、昭和二六年一二月一日より刑の廃止があつたものと解さなければならないというのである。

しかし、連合国最高司令官は、昭和二五年一月五日附『日本人の海外旅行に関する申請に関する覚書』により日本人で海外に渡航しようとする者は、日本政府、外務大臣を経由して最高司令官の許可を受ける方針を執り、次で、前記昭和二六年一一月二六日附の覚書により、連合国最高司令官が従前保持していた日本人の海外渡航に関する許可権を日本側に返還することとしたのである。そこでわが国は、右覚書に基き、一方において、同年同月二八日法律二六七号旅券法を制定し、その附則二項、三項において旅券に関する政令（昭和二五年政令一一号、昭和二六年政令二八五号）を廃止すると共に、この法律施行前にした旅券に関する行為に対する罰則の適用については、なお、従前の例による旨の規定を設け、他方において、同二六年一〇月四日政令三一九号によりポツダム命令たる『出入国管理令』が制定され同年一一月一日より一部の法条を除き施行され、同令七一条、六〇条において、本邦外の地域におもむく意図を以つて出国する日本人（乗員を除く）にして旅券を所持しその旅券に出国の証印を受けないで出国し、又は出国することを企てた者を処罰することを規定し、その後この規定を含む同令は、昭和二七年四月二八日法律一二六号により日本国との平和条約の最初の効力発生の日から法律として施行されているのである。これらの点から見れば、本件覚書に違反し昭和二五年政令三二五号に該当する犯罪は、多数説の説くがごとく昭和二六年一二月一日から新らたに、成立することはなくなつたけれども、その以前既に成立した同罪の刑罰を廃止する国家意思でないことは明白である。そして、このことは、その翌昭和二七年四月二八日政令一一七号大赦令一条二三号二において、本件の昭和二二年四月一四日附連合国最高司令官覚書『日本人の海外旅行者に対する旅行証明書に関する件』を特に大赦から除外している点から見ても一点の疑を容れない。されば、多数説は、昭和二六年一二月一日以後における新らたな昭和二五年政令三二五号違反の犯罪の成立と同日以前既に成立した刑罰の廃止とを混同するもので、賛同するを得ない」（最判昭二九・一二・一刑集八・一二・一九一七、〔研究〕内田文昭・判例評釈集一六巻三七五頁、吉田・刑事法判例研究四一頁）。

右の判例において、「覚書」の改廃は、「刑ノ変更」ではなく、刑の前提条件たる構成要件の変更たるにとどまるから、刑法六条を適用した判例の見解は妥当ではない（内田・前掲三七八頁は、「本件覚書の廃止の意味を、刑そのものないしは刑に関する事項そのものの変更、廃止ではないが、これに直接にかつ重大に影響する構成要件、本質的規範の変更として把握し」、多数意見を支持する。これに対し吉田教授は、「本判決は不当である」とし、「私に出国してはならないという規範は前後不変である。ただ、これを許可する官憲に異同があつたに過ぎない。そしてこれに反した場合、その刑が軽くなつたに止まるから、刑法第六条により軽い新法を適用すべきである」とされる）。なお、本件と同種の事件についての同趣旨の判決として最判昭三〇・二・二三刑集九・二・三五二を挙げておきたい。

最後に、刑法六条は、犯罪後の法律によつて刑の変更があつたときは、「其軽キモノ」を適用するとしているが、刑の変更の極限は、これを規定した刑罰法規の廃止又は失効と解すべきであるから、「其軽キモノ」とは、単に軽い刑を規定した刑罰法規を意味するにとどまらず、刑罰法規の廃止又は失効による刑罰法規の不存在、ドイツ法のいわゆる Nichtstrafgesetz の場合も含むものと解すべきである（木村・総論一一二頁、団藤・綱要総論四九頁、定塚・刑事法講座一巻五六頁以下、大塚・概説（総論）六一頁、小野・講義総論六九頁、同・判例評釈集一六巻三四七頁、吉田・総論四三頁。Vgl. Liszt-Schmidt, ibid. S. 113; Welzel, ibid. S. 23; Schönke-Schröder, ibid. S. 64）。その意味で、次の判例は妥当である。

【37】「刑法第六条は『犯罪後ノ法律ニ因リ刑ノ変更アリタルトキハ其軽キモノヲ適用ス』と規定し、刑事訴訟法第三三七条第二号は『犯罪後の法令により刑が廃止されたときは免訴の言渡をすべき』ことを定め、更に同法第三八三条第二号第三九七条第四一一条第五号によれば『判決があつた後に刑の廃止若しくは変更があつたときは原判決を破棄すべき』ことを定めている。そして右刑法第六条にいわゆる『犯罪後ノ法律ニ因リ刑ノ変更アリタルトキ』とは、犯罪（行為）の時から判決の時に至るまでに刑を規定したところの法令に変更があつたときは最も軽い法令を適用するとの趣旨であると解すべく、なお、行為時法と裁判時法との間に中間時法があるときは、これをも比照すべきものであることも異論のないところである。そして右刑法と刑事訴訟法の規定を統一的に解釈するときは、刑の廃止とは刑を規定していた法令の廃止（失効を含む）を意味し、且つ刑の廃止は前記刑法第六条にいわゆる刑の変更の軽い極限にあたるものと解し得るから、従つて又同条にいわゆる刑の変更の中には狭義の刑の変更と刑の廃止の場合の双方を含むものと解すべく、かくして刑罰法令が廃止若しくは失効したときは、実体面においては刑法第六条により手続面においては刑事訴訟法第三三七条第二号により免訴が言渡されるのと解するのを相当とする。然るときは本件は、行為時法と裁判時法との間に軽い極限の中間時法ともいうべき刑の廃止があつた場合にあたるから、これに対し免訴の言渡を為すべきことは当然とするところであるといわねばならない」（広島高判昭二八・一一・二〇刑集六・一三・一八三八、前出【20】と同一判例）。

右の判例は、積極的・明示的に刑法六条にいわゆる「刑ノ変更」の中には、狭義の刑の変更と刑の廃止の場合の双方を含むものとしているが、判例の多くはこの点に触れないか、又は、例えば前出判例【1】、判例【2】の⑵⑶、判例【5】【6】【11】【14】【21】【22】、判例【26】の⑷、判例【35】のように消極的・黙示的にそのことを認めているといってよいであろう。これに対して、斎藤裁判官は、前出判例【27】において、刑法六条はその法文上明らかなように、「犯罪行為時法の刑が犯罪後の法律に因り変更されたときに限り」、「ドイツ刑法二条a二項後段のように行為当時の刑罰法規が判決言渡の時に廃止され又は消滅した場合に、その法規を適用しないで無罪たらしめるという趣旨の実体刑法規定ではなく、また、かかる場合に、刑訴三三七条二号にいわゆる『犯罪後の法令により刑が廃止されたとき』と類推解釈すべき訴訟法規定でもない。従つて、わが刑法六条を免訴の根拠規定とすることのできないことは、いうまでもない」とされる（なお、植松・概論九五頁は、「刑法六条の適用のあるのは、いわゆる「刑ノ変更」のある場合に限られるのであるが」、「刑の変更ではなく、刑の廃止のときは、六条の問題ではない」とし、宮崎・免訴の裁判一一五頁は、この問題について、前出判例【37】のように、「実体面においては刑法六条により、手続面においては刑訴三三七条二号による」ということが、現行法の解釈として果して理論的に可能かどうかにつき大なる疑問を持つ、とされる）。この点に関しては、真野裁判官が次のように述べておられる。

【38】「刑の廃止について前述刑法六条の適用があるか否かについては、多少の議論はあるが、刑の廃止は、同条にいわゆる刑の変更の最も軽い極限に当るわけであるから、当然に同条の適用を見るものというべきである。刑法六条の『刑ノ変更』の中には、狭義の刑の変更と刑の廃止（刑訴四一一条五号）を含むものと解するを相当とする。（刑の廃止には、刑の変更の刑法六条の精神を類推するというのは、いささか文字に捉われた感がある。また刑の廃止は変更とは質が異るから、同条の適用がないというのは、あまりに観念的な物の考え方である。共に賛成することを得ない）。そこで、刑の廃止があつた場合には、もはや刑罰法規は存在しない法律状態となつたのであるから、前に述べた公平・恩恵・仁愛・慈悲の精神によつて、従前の犯罪者も処罰されないこととなるのである。この場合、他の法律に特別の規定がなければ、無罪とすべきか、あるいは免訴

とすべきかは、多少問題として疑問を残したであろう。しかし、刑訴三三七条二号（旧刑訴三六三条二号）は、明文をもつてこの疑問に解決を与えるため、『犯罪後の法令により刑が廃止されたとき』は、判決で免訴を言渡すべきものと規定したのである。刑法六条の実体法的規定と刑訴三三七条二号の訴訟法的規定の関係は、右のような意義に解するを相当とする（かりに、刑の廃止の場合には刑法六条の適用がないとの説によつても、裁判時法により刑が廃止された場合には、従前の犯罪に対して刑罰を科すべき理由はなく、刑訴三三七条二号によつて免訴されるわけである）」（最判昭二八・七・二二刑集七・七・一五八七、前出【9】【27】と同一判例）。

真野裁判官のいわれるように、刑法六条の刑の変更の中には刑の廃止の場合をも包含すると解するのが妥当である。従つて、刑訴法三三七条二号は、刑法六条の実体規定に対応する訴訟法規定であると解すべきである（木村・刑法雑筆一五九頁、小野・判例評釈集一六巻三四七頁）。従つてまた、限時法の有効期間中の行為については、その期間経過後において特別にこれを罰する追及効の規定がないときは、刑事訴訟法三三七条二号により犯罪後の法律により刑の廃止があつたものとして免訴の言渡をすべきである。

（三）　判例の変遷　　限時法に関するわが国の判例は、すでに述べたように、事実上、いわゆる限時法的性格を有する白地刑罰法規において、その空白規範の変更又は廃止があつた場合に、その変更又は廃止以前の行為に対して、これを処罰しうるか、の問題を中心に展開せられ、幾多の変遷を重ねている。この問題についてのわれわれの結論は、すでに述べた。そこで、以下、年月の順序を追つて判例の変遷の跡をたずね、同時に今まで取り上げるべくして取り上げえなかつた重要な判例を拾つて行くことにしたい。なお、本叢書の研究対象は原則として大審院および最高裁判所の判例なので、ここでもそれを中心に見て行きたい。

(1)　いわゆる「限時法」に関する最初の判例は、昭和一三年一〇月二九日の大審院判決(=前出判例【13】)であるが、この「臨時馬ノ移動制限ニ関スル法律」違反事件において、判例は、行為時の法令(昭和一二年九月一四日陸軍・農林省令一号)により馬の移動につき市町村長の許可を必要とした地域が、裁判時の法令(昭和一三年七月八日農林・陸軍省令一号)によってこれを必要としなくなった場合に、次のような検事総長非常上告申立書の、「刑ノ廃止」と見るべき旨の主張をいれて免訴の言渡をした。すなわち、「右法律第二条ハ所謂空白刑罰法規ノ一種ニ属スルモノニシテ、此ノ罰則ノ内容タル罪ト為ルヘキ事実ヲ定ムル命令ハ、固ヨリ同条ノ刑罰ノ種類及程度ヲ変更スルノ効力ヲ有セスト雖、苟モ徴発ニ支障ヲ生スル虞アル馬ノ移動ニ関スル制限条件タル限リハ、其ノ移動ヲ生スヘキ原因タル行為ノ構成要件並ニ其ノ行為ノ時期及場所等ヲ適宜ニ規定シ、又右法律ノ委任ノ存続スル限リ何時ニテモ右諸条件ヲ改廃スルノ権限ヲ有スルコト明白ナリ。従テ右罰則ハ、委任命令ノ改廃ニ随伴シテ、罪ト為ルヘキ行為ノ構成要件並ニ其ノ行為ノ時期及場所等ニ関シ内容的ニ変更セラルルコトアルヘク、又之カ当然ノ帰結トシテ、同条所定ノ罰則カ委任命令ノ改廃ニ因リ其ノ改廃前ノ行為ニ関シテ相対的ニ廃止ニ帰シ、此ノ関係ニ於テ刑事訴訟法第三百六十三条第二号ニ所謂犯罪後ノ法令ニ因リ刑ノ廃止アリタル場合ヲ生スルコトアルヘキハ疑ヲ容レサル所ナリ」と。なお、この非常上告申立書の中で、「限時法」について次のように述べられていることも注目に値しよう。

「尚玆ニ本案ノ場合ト所謂限時法（当初ヨリ特別ノ事情ニ基キ自ラ施行期間ヲ予定シ、其ノ期間ノ経過ニ因リ当然消滅ニ帰スル法令）トノ区別ニ付テ注意スル必要アリ。限時法ハ後法ニ因リ前法ノ刑ヲ廃止又ハ変更スル場合ト趣ヲ異ニシ、其ノ所定期間経過後ノ行為ヲ全ク不問ニ付スルト同時ニ、期間内ノ行為ハ後ニ於テモ尚之ヲ追及スルニ因リ取締ノ目的ヲ達セントスルモノニシテ、斯ル法令ノ違反ニ付テハ刑法第六条又ハ刑事訴訟法第三百六十三条ノ適用ナキモノト解スルヲ妥当ナリトス。反之本案ノ場合ニ在リテハ、叙上ノ如ク、後ノ命令ヲ以テ前ノ命令ヲ変更シタルニ因リ、空白刑罰法規ノ内容ノ一部カ縮少セラレタル結果トシテ当該行為ニ関シテハ犯罪後ノ法令ニ因リ刑ノ廃止アリタルニ帰スルモノナルカ故ニ、彼此混同スヘカラサルハ明白ナリ」と。

ところで、すでに述べたように、限時法に関しては、多数の判例があるが、そこには、二つの問題が混在しているといわれる（柏木・刑法講座一巻六四頁）。その一つは、（狭義の）限時法の問題であり、他は、いわゆる限時法的性格を有する白地刑罰法規について、その空白規範の変更又は廃止があつて構成要件の内容が変更され、その行為が可罰性を失つた場合も「刑の廃止」といえるかどうかの問題である。そして、この二つの問題の間には、次のような関係があるとされる（柏木・前掲六五頁）。まず、限時法の問題は、刑の廃止を前提とするが、後の問題は、そもそも刑の廃止になるかどうかの問題である。その意味で、両者は次元を異にする。しかし、両者は次のような事実上の関連性を有する。すなわち、すでに述べたように、狭義の限時法について、追及効を認めるような立法措置が採られていないため追及効を認めるべきかどうかが問題になるという事案は極めて稀であり、いわゆる限時法の追及効の有無が問題となるのは、主として「限時法的性格」を有する白地刑罰法規についてである。「限時法」に関する判例とせられているものの殆どすべては、そのような事案に関するものであるが、それらの判例のうち、命令・告示などの改廃に伴い当該行為の可罰性の失われることを理由に免訴の言渡をした判例（たとえば前出判例【13】【33】【34】【36】など）については、命令・告示の改廃によって、「刑ノ廃止」を来たすことがありうることを肯定し、かつ、そのような（広義の）限時法の追及効を否定したことが明らかであるが、その大部分は有罪の判例である。そして、有罪の判例としては、松尾助教授も指摘せられたように、(a)命令・告示の改廃によって「刑ノ廃止」を来たすことを否定する限り、（広義の）限時法の追及効を否定しても有罪であるし、(b)（広義の）限時法の追及効を肯定する限り、命令・告示の改廃が「刑ノ廃止」を来たすことを認めても同じく有罪である。そのため、有罪の判例のうち特に、いわゆる限時法の理論を採り、（広義の）限時法の追及効を肯定する判例には、この二つの問題が明瞭に区別されていないものが多い（たとえば前出判例【1】―【5】、【7】【8】【9】の(2)、【11】【14】【18】の(2)、【22】【23】など）。その点、右の判例【13】の非常上告理由が、この二つの問題を明瞭に区別していることは注目に値するといってよいであろう。

(2)　右の判例【13】が現われて後、世は戦争時代に入り、インフレ傾向とともに公定価格の引上げが相ついで行われ、そのおびただしい経済事犯について、新たな判旨が現われた。前出判例【14】【15】

【16】【17】等がそれであるが、一般に、次の判例が、その最初のものとせられている。

【39】「輸出入品等ニ関スル臨時措置ニ関スル法律第二条ニハ政府ハ支那事変ニ関連シ国民経済ノ運行ヲ確保スルタメ特ニ必要アリト認ムルトキハ需給関係ノ調整ヲ必要トスル物品ニ付当該物品又ハ之ヲ原料トスル製品ノ配給譲渡使用又ハ消費ニ関シ必要ナル命令ヲナスコトヲ得ヘキ旨ヲ定メ右第二条ノ規定ニ基キ昭和十三年商工省令第五十六号ヲ以テ物品販売価格取締規則ヲ設ケ商工大臣ノ指定シタル物品ヲ販売スル者ニ対シ商工大臣地方長官等ノ指定シタル価格ヲ超エテ物品ヲ販売スルコトヲ得サル旨ヲ定メ因テ以テ各当該時期ノ経済状態ニ即応シタル物価ノ適正ヲ期シ需給関係ノ円滑ヲ図リ国民経済ノ運行ヲ確保セントシタルモノナルカ故ニ指定物品ノ販売価格ノ当否ハ当然ニ販売当時ノ指定価格ヲ規準トシテ之ヲ決スヘク其ノ後ノ経済事情ノ変動ニ依リテ指定価格ノ変更セラレタル場合ニ於テモ毫モ影響ヲ受クヘキモノニアラス斯ノコトハ前示法律ニ基ク各種ノ命令ニ於テ従前ノ規定ニ違反シタル行為ニ付テモ仍従前ノ例ニ依ル旨ノ注意的規定ヲ置ケルモノ尠カラサルニ徴シ且又右法律ト等シク戦時又ハ事変ノ場合ニ物的資源等ノ統制運用ニ備フルタメニ制定セラレタル国家総動員法ニ基キテ設ケラレタル昭和十四年勅令第七百三号価格等統制令第十九条ハ右物品販売価格取締規則ヲ廃止スルト共ニ右規則ハ右勅令施行前ニナシタル行為ニ関スル罰則ノ適用ニ付テハ同令施行後ト雖モ仍其ノ効力ヲ有スル旨ヲ規定シタルニ鑑ミルモ疑ナキトコロナリサレハ前示物品販売価格取締規則第一条ニ基キ故又ハ屑ノ鉄ノ価格ヲ指定セル昭和十三年九月商工省告示第二百六十一号施行後昭和十四年五月商工省告示第百九号カ同年六月一日施行セラレタリト雖モ前叙理由ニ依リ右第二百六十一号施行以来右第百九号施行前迄ニナサレタル故又ハ屑ノ鉄ノ販売ニ付テハ仍右第二百六十一号ニ従ヒテ其ノ価格ヲ律スヘク右第百九号ヲ規準トナスヘカラサルハ当然ニシテ原判決モ亦此ノ趣旨ニ因リ原判示被告人ノ所為ニ対シ右第二百六十一号等ノ所掲ノ法条ヲ適用処断シタルモノニシテ洵ニ相当ナルカ故ニ原判決ニハ所論ノ如キ理由不備擬律錯誤等ノ違法アルコトナシ」（大判昭一五・七・一刑集一九・四〇八、〔研究〕日沖・判例評釈集三巻一八一頁）。

右の判例は、「大審院が物品販売価格取締規則または価格等統制令に基く価格指定の告示が改廃せられた場合に、新告示施行後においても依然行為時の告示を適用すべきものとする見解を示した最初のものである」（日沖・前掲一八三頁）とせられているが、しかし、本判決以前にも、同種の事案について、同趣旨の次のような判例がある。

【40】（上告理由）「原判決ハ免訴ノ言渡ヲ為ササルヘカラサル事実ニ対シ処罰シタル違法アルモノトス原判決ハ其ノ理由ノ部ニ於テ『被告人英二ハ被告人準平ノ業務ニ関シ昭和十三年七月二十九日頃迄ノ間犯意継続シテ百七十四回ニ亘リ被告人準平ノ右店舗ニ於テ人絹八千代（通称リアン）ハ商工省告示ニ依リ昭和十三年六月二十八日ニ於ケル販売価格ヲ指定サレ之ヲ超ユル対価ヲ以テ販売スルコトヲ得サルニ拘ハラス法定ノ事由ナク右告示指定ノ年月日ニ於ケル販売価格ヲ超過シ今中富三郎外二十五名ニ対シ人絹八千代合計千七百七十五貫六百三十匁ヲ代金合計一万七千二百八十四円九十五銭（超過額二千百九十五円二十銭）ニテ卸販売シタルモノナリ』ト判示シ被告人ニ対シ罰金刑ヲ科シタリ然レトモ」「本件人絹八千代ニ対シテハ昭和十三年七月二十八日商工省告示第二百八号ヲ以テ販売価格ヲ昭和十三年六月二十八日ト指定セラレタルヲ以テ同告示指定ニ依リ昭和十三年七月二十八日以降所謂六・二八ノ価格ヲ以テ其ノ販売価格トナササルヘカラサルニ至リタルモ其後昭和十四年八月二十九日ニ至リ京都府告示第五百九十一号ニ依リ京都府ニ於テ人絹八千代ノ販売価格ヲ指定セラルルニ至リタルヲ以テ昭和十四年八月二十九日以後ハ所謂六・二八ノ価格カ変更セラレテ右京都府告示ヲ以テ指定セラレタル所謂公定価格ニ拠ルコトト為リタリ従テ」「若シ右違反行為トシテ摘示セラレタル各取引行為カ昭和十四年八月二十九日以後ニ於テナサレタルモノナリト仮定セハ何レモ公定価格以内ニ於テ販売セラレタルモノトナリ毫モ同法ニ牴触スルニ至ラス従テ昭和十四年八月二十九日京都府告示ヲ以テ人絹八千代ニ対シ販売価格ヲ指定スルニ至リタルカタメ従前ト同一価格ヲ以テ行ハルル同一ノ販売行

為カ告示前ニ於テハ犯罪行為ヲ構成シ之ニ反シテ告示後ニ於テハ犯罪行為ヲ構成セサルコトトナリタリ然ルニ刑事訴訟法第三百六十三条ニ依レハ左ノ場合ニ於テハ判決ヲ以テ免訴ノ言渡ヲナスヘシトシテ其ノ第二号ニ犯罪後ノ法令ニ因リ刑ノ廃止アリタルトキナル場合ヲ掲ケ犯罪時ノ法令ニ依レハ罰スヘキモノナレトモ犯罪後処罰ヲナスヘキトキニ於テ刑ノ廃止アルトキハ其ノ行為ニ関シ免訴ノ言渡ヲ為ササルヘカラサルモノナリ而シテ昭和十二年法律第九十二号輸出入品等ニ関スル臨時措置ニ関スル法律第二条ハ所謂空白的刑罰法規ノ一種ニ属シ従テ同法ノ罰則ハ委任命令タル昭和十三年商工省令第五十六号物品販売価格取締規則並ニ同商工省令第一条ニ依リ更ラニ其ノ規定ノ内容ヲ補充スル商工省告示又ハ京都府告示ノ改廃ニ因リ其ノ改廃前ノ行為ニ関シテ相対的ニ廃止ニ帰シ此ノ関係ニ於テ刑事訴訟法第三百六十三条ノ適用ヲ受クルニ至ルヘキモノナルコト曩ニ御院ニ於テ昭和十三年十月廿九日言渡サレタル昭和十三年（そ）第一号臨時馬ノ移動ニ関スル法律違反事件ノ判例ト其ノ趣ヲ一ニスルモノト云ハサルヘカラス従テ本件事案ニ対シテハ刑事訴訟法第三百六十三条ニ依リ判決ヲ以テ免訴ノ言渡ヲ為ササルヘカラサリシモノナリ」

（判旨）　「本件ノ如キ経済事犯ニ在リテハ物品最高販売価格ハ当然犯行当時ノ指定価格ヲ規準トナスヘク其ノ後ノ経済的事情ノ変動ニ因リ変更セラレタル指定価格ニ因リ何等影響ヲ蒙ルヘキモノニアラサレハ所論京都府告示ノ如ク本件犯行後に公布セラレタルモノハ本件犯罪ニ何等ノ影響ナク又刑ノ変更廃止モアルコトナシ所論判例ハ本件ニ適切ナラスサレハ原判決ニハ所論ノ如キ法律ノ適用ヲ誤リタルノ違法アルモノト謂フヲ得ス」（大判昭一五・六・二七 評論二九諸法五三四）。

右の判例の上告理由は、前出判例【13】を引用して、「昭和十二年法律第九十二号輸出入品等ニ関スル臨時措置ニ関スル法律第二条ハ所謂空白的刑罰法規ノ一種ニ属シ、従テ同法ノ罰則ハ、委任命令タル昭和十三年商工省令第五十六号物品販売価格取締規則並ニ同商工省令第一条ニ依リ更ラニ其ノ規定ノ内容ヲ補充スル商工省告示又ハ京都府告示ノ改廃ニ因リ、其ノ改廃前ノ行為ニ関シテ相対的ニ廃止ニ帰シ、此ノ関係ニ於テ（旧）刑事訴訟法第三百六十三条ノ適用ヲ受クルニ至ルヘキモノ」だとしているが、それに対して、判旨は、ただ、「所論判例ハ本件ニ適切ナラス」としているに過ぎない。しかし、この判例によつて、前出判例【13】の見解は改められたと解すべきであろう。

(3) その後の同趣旨の判例には、前出判例【14】【15】【16】【17】のほか、大判昭一五・七・四判決全集七輯二六号三四頁、大判昭一五・七・一五判決全集七輯二六号三二頁、大判昭一五・七・二九判決全集七輯二七号一九頁、大判昭一五・八・八評論三〇諸法一二一頁、大判昭一五・九・五評論二九諸法六二六、大判昭一五・九・一二評論三〇諸法一二四、大判昭一六・九・一評論三〇諸法七〇二などがあるが、これらの判例の後をうけて、大審院は、その廃止の直前である昭和二二年四月五日の連合部判決（＝前出判例【3】）をもつて、「臨時的必要ニ対処センガ為ニ制定シタル暫行的刑罰法令ニ違反シタル行為ハ、其ノ後ニ至リテ」、「暫行法令ノ改廃ヲ来スニ至ルモ、之カ為ニ俄ニ遡リテ其ノ処罰価値ヲ喪失スヘキ理由無キヲ以テ、斯カル違反行為ニ対シテハ暫行法令改廃ノ後ニ於テモ、猶ホ行為当時ノ法令ニ照ラシテ処罰ヲ行フヘシトスルハ、昭和十五年七月一日ノ第二刑事部判決（＝前出判例【39】）以来、同年七月十八日ノ第一刑事部判決（＝前出判例【16】【17】）、昭和十六年五月二十日ノ第四刑事部判決（＝前出判例【15】）等一聯ノ当院判例ニ於テ既ニ久シク堅持シ来レル見解ニシテ、此解釈ハ今ニ及ンテ之ヲ変更スヘキ理由アルヲ見ス」とした。

最高裁判所の限時法に関する最初の判例は昭和二五年一〇月一一日の大法廷判決（＝前出判例【2】【26】）であるが、そこにおいても右の大審院判例の態度は、結論的には変更せられていない。すなわち、最高裁判所は、この物価統制令違反被告事件において、リンゴの統制額を指定した告示の廃止以前の違反行為につき、「その違反行為の可罰性に関する価値判断は告示廃止の後においても依然として異るところはない」とし、「本件はりんごの販売価格の統制額違反の事案であるが、これをりんごの配給統制違反の場合と対比してみれば」、「立法者の意思は、価格の指定に関する告示の改廃によつて『刑の廃止』の効果を生ずるがごときことは、夢想だもしなかつたところであろうことが想見される」として、空白規範の改廃は刑の廃止でないとした（前出判例【2】の(1)）。

この判例は、その多数意見が、「右大蔵省告示の直接規定するところは果実の販売価格の統制額であつて、この告示の廃止は、要するに果実の販売価格についての統制額の指定の廃止であつて、直接に刑罰法規の廃止ではない」（判例【26】の(1)）としながら、しかも物価統制令の「限時法的性格」を強調した点（判例【2】の(1)）、および詳細な反対意見（判例【2】の(2)(3)、判例【26】の(4)）、補足意見（判例【26】の(2)(3)）を伴つた点で、注目すべき重要判例であるといわなければならない。

ところで、右の最高裁判所判例（昭二五・一〇・一一）と、昭和二二年四月五日の大審院連合部判決との間には、広島高判昭二三・七・一六刑集一・二・一八七（＝前出判例【4】）、名古屋高判昭二四・七・一二刑集二・一・四四（＝前出判例【22】）、東京高判昭二四・一一・一一刑集二・三・二五八（＝前出判例【5】）、名古屋高判昭二五・二・一

六特報七・二七（＝宮崎・免訴の裁判所収判例【50】）、大阪高判昭二五・三・一八特報六・一五一（＝前出判例【1】）、東京高判昭二五・四・一一刑集三・一・九三（＝前出判例【6】）、名古屋高判昭二五・四・一一特報七・一〇四（＝宮崎・前掲書所収判例【60】）、札幌高判昭二五・五・一三特報九・一六九（＝宮崎・前掲書所収判例【52】）、札幌高判昭二五・七・七特報一一・一八三（＝宮崎・前掲書所収判例【56】）などの高等裁判所判例が存在するが、このうち、「刑の廃止」があつたものとして免訴の言渡をしたのは、東京高判昭二五・四・一一（＝前出判例【6】）だけである。そして、大部分の判例は、前出判例【2】および【3】と同趣旨の判例であり、当該法令の「限時法的性格」を強調し、（広義の）限時法の追及効を認めるものであるが、ただ名古屋高判昭二五・二・一六特報七・二七が、単純に「統制額の指定が廃止せられたことは所論の通りであるけれども、右は告示の改廃であつて基本の罰則法規である物価統制令の改廃ではないのであるから、被告人の本件所為が行為当時の統制額指定の告示に違反し物価統制令の罰則を以て律すべきものである以上、該犯行後告示の改廃があつたとしても、右は刑事訴訟法第三百三十七条第二号に所謂犯罪後の法令により刑が廃止せられたときに該らない」としていることが注目される。

なお、東京高判昭二五・四・一一（＝前出判例【6】）は、判例自身もいうように、「物価庁告示の変更のように経済事情の変動に伴い刻々に改正される場合と異なり」、物価統制令自体（物価統制令一一条二項）の改正に関するものであるが、不当高価販売罪の構成要件が、犯罪後の改正で、非営利行為を除外するよう縮少せられた場合に、「これは経済事情の変動に伴い改正されたのでなく、立法者の法律見解に変更を来たしたからだ」として、刑法六条により改正法を適用し、刑の廃止があつたものとして免訴の言渡をなすべきものとしている。

(4)　最判昭二五・一〇・一一（＝前出判例【2】）ののち最高裁判所は、昭和二六年三月二二日第一小法廷判決（＝前出判例【35】）で、主要食糧無許可輸送罪に関し、農林省令による食糧管理法施行規則二九条の一部改正があつて、馬鈴薯が主要食糧から除外せられても、その改正前の馬鈴薯輸送行為は依然として処罰すべきものとしたが、その理由づけとして「主要食糧を法定の除外事由なくして輸送することを禁止する法規範」を定めた規定の現存をいい、「それは例えば通貨偽造罪成立後、当該種類の通貨だけが法令によりその通貨としての強制通用力を失い、又は収賄罪成立後、当該公務員の官職だけが法令により廃止されても、犯罪の成立に影響のないのと同じことである」と述べて、いわゆる限時法の理論を回避していることが注目される。この判例のもつ意義については、すでに述べた。柏木教授（刑法講座一巻六九頁）も、最判昭二五・一〇・一一（＝前出判例【2】）が、全体として「論旨混乱で、適切な判例ではない」のに対して、「限時法的性格に触れていない点でも論旨は極めて明解であり、重要な判例であるといえよう」としておられる。

なお、最判昭二九・一・一六刑集八・一・一六（＝宮崎・前掲書所収判例【58】）、最判昭二九・一・一六刑集八・一・二八（＝宮崎前掲書所収判例【59】）、最判昭二九・二・二刑集八・二・一二八、最判昭二九・五・一四刑集八・五・六八九、等は、いずれも同種の事案に関する同趣旨の判例である。

その後、最判昭二六・三・二三(=前出判例【7】)、最判昭二六・四・一〇(=前出判例【24】)、最判昭二六・一二・二〇(=前出判例【8】)など、狭義の限時法で、しかも追及効の規定があつて問題とならない判例も二、三あるが、非刑罰法規の改正、とくに民事法規の改正が、刑法六条の「刑ノ変更」と解されるかに関する判例として注目に値するのは、最判昭二七・一二・二五(=前出判例【29】)である。この判例において、民事法規の改正によつて尊属殺の構成要件の範囲が変更した場合に、刑法六条の適用がないとしたのは、白地刑法の空白規範の変更の場合と同様、構成要件の内容の変更は、「刑ノ変更」でないとする見地を明かにしたものと解すべきであるが、その意味で、同趣旨の判例としては、最判昭三〇・二・二三刑集九・二・三五四、最判昭三〇・七・二〇(=前出判例【32】)、最判昭三一・五・二三刑集一〇・五・附録三、最判昭三一・七・一一刑集一〇・七・一〇三八、最判昭三一・七・一八新聞一一・九、最判昭三一・九・二六刑集一〇・九・一四〇五、等を挙げることができよう。

(5) 最高裁判所が、「刑の廃止」を認めた判例としては、平和条約発効後における政令三二五号の効力を論じた昭和二八年七月二二日大法廷判決(=前出判例【9】【27】【38】)が有名である。この判決の中で、政令三二五号が限時法であるか否かについて論議が展開され、少数意見の田中、霜山、斎藤、本村の四裁判官は、本件政令三二五号が平和条約発効と同時に失効したとしても、同処罰令の「限時法たる性格上」刑罰を廃止したものと見ることはできない(前出判例【9】の(2))、としたのであるが、本判例および、これと同趣旨の最判昭二八・一二・一六刑集七・一二・二四六二、最判昭三〇・四・二七刑集九・五・九五一

（以上、いずれも政令三二五号違反被告事件）、最判昭三一・一・二五刑集一〇・一・九三（勅令三一一号違反被告事件）は、特殊なものなので、白地刑罰法規における省令・告示などの改廃が「刑の廃止」を来たすかどうかの点についても、（広義の）限時法の追及効を認めるか否かの点についても、積極的な根拠とはならない（柏木・刑法講座一巻七一頁）、とする見解がある。参考までに、最判昭三〇・四・二七の判旨を引用しておこう。

【41】「昭和二五年政令三二五号『占領目的阻害行為処罰令』は、わが国の統治権が連合国の管理下にあった当時は、日本国憲法にかかわりなく、憲法外において法的効力を有したのであるが、平和条約発効と共に当然失効し、昭和二七年法律八一号により前記政令の効力を維持することは憲法に違反し、同年法律一三七号の規定は、事後立法であって、違憲無効であり、また本件のごとき場合に限時法理論を用いることが憲法上許されないことは、昭和二七年（あ）第二八六八号同二八年七月二二日言渡大法廷判決記載の真野、小谷、島、藤田、谷村各裁判官の意見のとおりである。それ故に、本件については、原判決後の法令により刑が廃止された場合にあたるから原判決を破棄しなければ著しく正義に反する。よって論旨について判断するまでもなく原判決及び第一審判決を破棄し被告人を免訴すべきものである」（最判昭三〇・四・二七刑集九・五・九五一）。

右の判例の前に述べた柏木教授の見解は、政令三二五号違反被告事件の特殊性を考えると根拠のないものではないが、教授の見解によれば、白地刑罰法規における省令・告示などの改廃が「刑の廃止」を来たすかどうかの問題に関し、前出判例【39】（大判昭一五・七・一）によって変更せられた判例の見解は、同じく政令三二五号違反の罪に関する昭和二九年一一月一日の大法廷判決（＝前出判例【36】）によって、更に変更せられたことになる。だが、その前に、限時法に関し、最高裁判所が「刑の廃止」を認め、免訴の言渡をした次のような判例がある。

【42】　(1)　「本件公訴事実の要旨は、昭和二二年九月、日本電気産業労働組合（以下電産労組と略称する。）は、中央労働委員会に対し、賃金制の改訂等数項目について調停の申請をなし、同二三年三月二五日電産労組と経営者会議との間に仮協定が成立したが、その後更に電産労組は経営者会議に要求を提出し、電産労組福岡県支部は同年一〇月に至り右要求事項を貫徹するため停電ストライキを決行することとなり、その際被告人は、当該係員らに指示して、同月九日午前一〇時より同一一時迄の間、戸畑市所在日発戸畑発電所ボイラー一罐の操作を停止するに至らしめ、もつて電気の供給を妨害したというのである。原審は、被告人の本件行為は、電産労組の保有した具体的争議権に基いて展開された第二次争議に関連してその目的達成のためになされたもので、正当な争議行為の範囲を出たものでないことが明白であるとして、労働組合法一条二項により、電気事業法違反罪はその違法性を阻却され罪とならないと判断し、これを電気事業法三三条に該当するものとして有罪とした第一審判決を破棄し、被告人に対し無罪の言渡をしたのであるが、右電気事業法違反に関する検察官の上告受理申立の要旨は、原判決は労働関係調整法七条、三七条、労働組合法一条二項の解釈を誤り、罪となるべき事実に不当に電気事業法三三条を適用しない違法があるというのであつて、右申立は、当裁判所において受理されている。職権で調査すると、右電気事業法は、昭和二五年政令三四三号公益事業令附則二項によつて廃止され、同令は同年一二月一五日から施行されたが、同令附則二一項は、『この政令の施行前にした行為に対する罰則の適用については、第二項及び前項の規定にかかわらず、なお従前の例による』。と規定していた。ところが、昭和二七年法律八一号ポツダム宣言の受諾に伴い発する命令に関する件の廃止に関する法律によつて、昭和二〇年勅令五四二号に基く命令、即ち所謂ポツダム命令は、別に法律で、その廃止又は存続に関する措置がなされない場合においては、同法施行の日たる昭和二七年四月二八日から起算して一八〇日間に限り法律としての効力を有するものとせられたが、右一八〇日の最終日は同年一〇月二四日に当るところ、同日迄に公益事業令に関する立法上の措置は何らなされることなくして経過

したのであつて、従つて同令は右一〇月二四日限り失効したものと解すべきである。よつて本件公訴事実については、犯罪後の法令により刑が廃止されたときに当ると解すべきであるから、検察官の上告受理申立につき判断を与えるまでもなく、刑訴四一一条五号により、原判決及び第一審判決を破棄し、同四一三条但書、四一四条、三三七条二号により、被告人に対し免訴の言渡をなすべきものとし、主文のとおり判決する。」

(2)（反対意見）「裁判官田中耕太郎、同斎藤悠輔及び同本村善太郎の本件についての反対意見は、次のとおりである。

本件公訴事実は、要するに、被告人は他の者と相謀り、昭和二三年一〇月九日午前一〇時より同一一時迄の間昭和六年法律六一号電気事業法三三条一項に該当する違反行為をしたというのである。

しかるに、右電気事業法は、右犯行後昭和二五年一一月二四日政令三四三号公益事業令に吸収されるとともに（電気事業法三三条一項は、公益事業令八三条一項に吸収）、同令附則二項により廃止されたが、同時に同附則二一項（罰則の経過規定）において、この政令の施行前にした行為に対する罰則の適用については、第二項及び前項の規定にかかわらず、なお従前の例によると規定されているから、被告人に対する本件公訴事実については、なお従前の電気事業法三三条一項を適用すべく、右公益事業令の罰則（八三条一項）を適用すべきものでないこと明白である。従つて、その後右公益事業令が失効したとしても、その失効により刑の廃止があつたとして本件被告人を免訴すべきでないこと多言を要しない。

しかのみならず、元来わが現行の刑事法においては、犯罪行為の可罰性とこれに科すべき刑罰は、犯罪行為時法によるべきであつて、判決時法によるべきではなく（刑法改正ノ綱領四〇、改正刑法仮案六条参照）、ただ判決時に犯罪後の法律に因り刑の変更があつたときは、刑法六条の規定により例外として軽き刑罰を科し、また、判決時に犯罪後の法令により刑が廃止されたときは、刑訴法の規定により免訴の言渡をなすに過ぎない。そして、刑訴三三七条二号に『犯罪後の法令により刑が廃止されたとき』。（旧刑訴三六三条二号に

『犯罪後ノ法令ニ因リ刑ノ廃止アリタルトキ』）とは、読んで字のごとく、既に発生成立した刑罰が犯罪後発布された法令により廃止（放棄）されたときを指すものであつて、刑罰を規定した法令そのものが犯罪後一時失効し又は犯罪後単に将来に向つて廃止されたに過ぎないような場合をいうものではない。されば、電気事業法を吸収しこれとその内容を同じくする公益事業令が多数説の説くごとく、昭和二七年一〇月二四日限り失効したとしても、それは、同令が単に将来に向つて一時失効しただけで、犯罪後発布された法令により既成の刑罰を廃止（放棄）したものではないから（しかも、同年同月同日に効力を有していた右旧公益事業令は、同年一二月二七日法律三四一号電気及びガスに関する臨時措置に関する法律により新らたに法律が制定施行されるまでの間罰則をも含め全面的に法律としてそのままその効力を維持されたのであるから、その失効期間は僅か六〇余日に過ぎないのであつて、この点からいつても公益事業令の失効は既成の刑罰を廃止（放棄）したものと見ることはできないばかりでなく、むしろ、反対に、従前の刑罰を廃止（放棄）しない国家意思であること毫も疑を容れない。）、仮りに本件につき旧公益事業令の適用があるものとしても、刑訴三三七条二号（旧刑訴三六三条二号）に該当しないこと明白である」（最判昭二九・一一・一〇刑集八・一一・一七九四、〔研究〕小野・判例評釈集一六巻三四二頁）。

右の判例は、柏木教授もいわれるように、刑罰法規そのものの廃止に関する事案であるから、白地刑罰法規における省令・告示などの改廃が「刑の廃止」を来たすかどうかの問題には無関係である。しかし、教授の指摘せられるように、公益事業令は、少なくとも昭和二七年四月二八日以後は、形式上、狭義の限時法であつたと解せられるから、その追及効を否定した本判例は、その意味で正に注目に値するといえよう。なお、この点に関しては、公益事業令の限時法的性格を否定した前出判例【10】【11】【20】が参照せられなければならない。とくに判例【10】（最判昭二九・一二・二三）は、右の判例を引用しているので、同趣旨の判例ともいえよう。なお、最判昭二九・一二・三刑集八・一三・二〇六八は同種の事案で同趣旨の判例である。

田中裁判官らの反対意見について、小野博士は、「読んで字のごとく」といいながら、「廃止」とあるのを「放棄」と読みかえるに至つては、全くのごまかしといわなければならない、とされる（小野・前掲三四六頁。なお、田中裁判官らの見解に対する批判につき、同書三四六頁以下参照）。

(6) すでに述べたように、判例は、限時法的性格を有する白地刑法の効力について、最初、大判昭一三・一〇・二九（＝前出判例【13】）においては、行為時の法令により馬の移動につき市町村長の許可を必要とした地域が、裁判時の法令によつてこれを必要としなくなつた場合に、「刑の廃止」があつたものとして免訴の言渡をした。ところが、その後、判例はその見解を改め、大判昭一五・七・一（＝前出判例【39】）あるいは大判昭一五・六・二七（＝前出判例【40】）においては、行為当時の告示による販売価格が、その後の告示によつて変更せられた場合にも、行為時法を適用すべきものとし、それは昭和二二年四月五日の大審院連合部判決（＝前出判例【3】）によつて確認せられた。そして、それは、その後の最高裁判所判例においても、原則的には変更せられていないといつてよかつた。それが、昭和二九年一二月一日の大法廷判決（＝前出判例【36】）によつて、再び変更せられたのである。すなわち、「被告人は連合国最高司令官の承認を受けないで」、「不法に本邦から出国した」というので、その行為当時においては、連合国最高司令官の覚書により政令三二五号違反として処罰されることになつていたのが、その後の覚書により、連合国最高司令官の承認乃至許可を受けることを要しないこととされ、前の覚書が廃止されたという事案で、判例は、「刑の廃止があつたものと解さなければならない」としている（判例の(1)【36】）。この場合、覚書は命令や告示に準じて考えることができるから、この判旨は、白地刑罰法規における命令や告示の改廃で行為が可罰性を失つた場合に「刑の廃止」のありうることを認めたことになる。しかも、これは「限時法的性格」を有する白地刑罰法規に関する事案であるが、その（広義の）限時法の追及効に関しては、全く言及せられていない。

なお、最判昭三〇・二・二三刑集九・二・三五二も同種の事案に関する同趣旨の判例であるが、この判例は、勅令三一一号違反（密出国）並びに関税法違反（密輸出入）事件に関するもので、密出国の点については、判例【36】と同じく「刑の廃止」があつたものとしながら、被告人らの密輸出または密輸入の行為に対しては、関税法七六条を適用して刑の言渡をしている。すでに述べたように、その判示は直接には刑の廃止にふれていないが、「刑の廃止」にあたるとする少数意見（＝前出判例【33】）を排斥し、刑の廃止にあたらないとする立場に立つものであることは間違いなく、判例集登載の判決要旨には、「南西諸島大島郡が外国とみなされていた当時、免許を受けないで日本内地から同地域へ、若しくは同地域から日本内地へ貨物を密輸出し、若しくは密輸入した罪については、その後右地域がわが国へ復帰し外国とみなされなくなつても、刑の廃止があつたものとはいえない」と表示せられている。ここに同一判例の中において、理論的には相反する二つの判示がなされているのであるが、次の最判昭三〇・七・二〇（＝前出判例【32】）に至つて、「刑の廃止」にあたらないとみる立場が明白となつた。

事案は、右と同じく「外国とみなされていた地域に対する貨物無免許輸出入の罪と、右地域のわが国への復帰による刑の廃止の有無」に関するものであるが、「刑の廃止があつたものとはいえない」理由として、「外国又は外国とみなされる地域と本邦との間において、免許を受けないで貨物を輸出又は輸入することが禁ぜられているという関税法上の規範は」、「終始かわるところがないと解すべきであるから」としており、⑷で述べた最判昭二六・三・二二（＝前出判例【35】）と共通の考え方である。その後、⑷の末尾に掲げたような一連の同趣旨の判例の後、最判昭三二・一〇・九（＝前出判例【34】）において、これら一連の同趣旨の判例の変更を宣言しており、その妥当でないことは、すでに述べた。事案は、右の判例【32】と同じく、「外国とみなされていた地域に対する貨物無免許輸出入の罪と、右地域が外国とみなされなくなつたことによる刑の廃止の有無」に関するものであるが、理由は、「本件公訴事実のような、税関の免許を受けないで貨物を奄美大島に輸出する行為及び同島から貨物を輸入しようと図ることは、右政令九九号改正の結果として、何ら犯罪を構成しないものとなつたのであつて、これによつて右行為の可罰性は失われたものというべく、本件は、刑訴三三七条二号にいう『犯罪後の法令により刑が廃止されたとき』に該当するものと解しなければならない」というだけのものである。なお、最判昭三二・一〇・九刑集一一・一〇・二五一一は、同種の事案に関する同趣旨の判例であるが、最判昭三二・一二・一〇刑集一一・一三・三二〇〇も、事案は少し異なるが（密輸入物資の運搬罪）、やはり同趣旨の判例である。

(7)　その後の最高裁判所判例としては、「静岡県条例第七四号示威運動取締に関する条例第二条は、すでに死文化したものであり、同条違反を処罰する同第六条の罰則も効力を失つたものと解すべきである」とし、刑訴三三七条二号にいわゆる「刑が廃止された」場合に該当するものとして免訴の言渡をした最判昭三五・七・二〇（前出判例【18】）や、土地改良区の業務に関し発する証書にかかる印紙税逋脱の罪は、印紙税法の一部改正により、土地改良区が非課税団体として加えられた後は、「犯罪後の法令により刑が廃止された」ことになる、とする最判昭三六・七・一四刑集一五・七・一〇八八などがあり、いずれも最判昭三二・一〇・九（前出判例【34】）と同趣旨の判例と解すべきであろうが、これらの判例は、更に、最判昭三七・四・四（前出判例【12】）によつて変更せられたのだと解すべきであろう。

この判例は、その上告趣意第三点（前出判例【12】の(1)）にも一部述べられているように、全く同種の道路交通取締法施行令違反事件について、東京高等裁判所の四つの部が、それぞれ異なる考え方に基づいて判決をなし、結論的には、「刑の廃止」があつたものとして免訴の言渡をしたもの二つ（東京高判昭三三・一二・二三東京高時報九・一三刑三一九、東京高判昭三四・一・二九東京高時報一〇・一刑七五）と、これを認めないで有罪としたもの二つ（東京高判昭三三・一二・二六最高裁刑集一六・四・三七五所収、東京高判昭三四・二・四東京高時報一〇・二刑九〇）との二種の対立した判例となり、その有罪の判決の中の一つは確定し、他の一つについて被告人側が上告し、免訴の判決二つについて検察官側が上告していたものについて最高裁判所の判断を示したもので、前出判例【12】は、そのうち被告人から上告のあつたものである。

ところで、前出判例【12】の判旨(2)は、「(上告趣意)第二点は判例違反をいうが、論旨引用の最高裁判所の各判例は、本件とは事案および適用法規を異にし、本件には適切でない」としている。そして、上告趣意第二点に引用せられた最高裁判所判例は、最判昭二五・一〇・一一(=前出判例【2】)と、最判昭三二・一〇・九(=前出判例【34】)の二つであるが、前者はともかく、後者は、本判例によつて否定せられたものと解すべきであろう(同説、八木(胖)・法律のひろば一五巻六号三三頁)。

次に、判旨は、上告趣意「第三点は判例違反をいうが、原判決が論旨引用の昭和三三年一二月二三日言渡の東京高等裁判所の判例に違反するものであることは所論のとおりである」。「しかし、当裁判所は次に述べるとおり、職権により調査し、本件は、刑訴三三七条二号により被告人を免訴すべきものに該当しないとの判断に到達した。それ故、論旨引用の前記判例は、本件判決により変更されることになるものである」としている。そこで、次に、参考のため、判旨もはつきりとその変更を認めた東京高判昭三三・一二・二三を引用しておこう。かなり重要な論点が含まれている。

【43】「所論は要するに、本件行為当時これを禁じていた道路交通取締法施行令第四一条に基く新潟県公安委員会の規則が原審裁判当時すでに改正され右禁止が解除されたことは原判決の説示するとおりであるが、同罰則を規定した基本法令たる右施行令第七二条第三号は現在も存続し廃止されていないのみならず、右施行令第四一条は公安委員会に本件のような特定種類の諸車につき乗車人員等の制限を定めることを委任したいわゆる白地法規であるとともに、同公安委員会の規則が性質上しばしば変改されることは右法条の予期しているところであるから同条は一時的事情の消滅または変更により廃止変更されることが予定されている内

容を含む限時法的性格を有する法規といわなければならない。したがつて本件行為を禁じていた前記公安委員会の規則の改正により原審判決時においてはすでに右禁止が解除されこれに該当する行為の処罰されることがなくなつていたとしても、その前に成立していた当該規則違反の罪に対する刑が廃止されたものとは即断しがたいのに、原審が本件につき刑法第六条の刑の変更廃止があつたものとして刑事訴訟法第三三七条第二号にしたがい被告人を免訴したのは、法令の適用を誤つたもので右誤は判決に影響を及ぼすことが明らかであると主張するのである。）

ところで本件行為時ならびに起訴時において被告人の本件第二種原動機付自転車における二人乗りの行為を禁じていた新潟県道路交通取締規則（昭和三一年新潟県公安委員会規則第一号）が昭和三三年四月一五日新潟県公安委員会規則第二号をもつて改正され右禁止が解除された結果、従前道路交通取締法施行令第七二条第三号により同令第四一条に基く公安委員会の制限に違反するものとして処罰されていた本件行為が、原審裁判時においてはあらたにこれと同様の行為に出てももはや処罰されないことになつたことは、原判決説示のとおり、関係法令に照らし明らかである。

そして、所論のように、元来右道路交通取締法施行令第四一条は、公安委員会に対し、同条所定の特定種類の諸車につき道路における危険防止その他の交通の安全を図るため必要と認める乗車人員等の制限を定めることを委任し、同委員会はその委任に基き、所轄地域内における道路ならびに諸車の交通状況等を案じその状況の推移につれてつねに時宜に適する同条所定の必要措置をとらなければならず、しかも交通状況の移り変りは日進月歩の勢にあるから、右措置を定める当該公安委員会の制限的定めがしばしば変改されることの起り得べきは前記法条の予期するところであり、右施行令第四一条に基く公安委員会の制限に違反する罪を定めた同令第七二条第三号は、右違反の内容を公安委員会の定めにゆずつている点においていわゆる白地刑罰法規である（かつて物価統制令に基く価格統制に関する罪を定めた法規について、当該価格統制額の指定が主務大臣の告示に委ねられている場合、右告示は前記刑罰法規の内容の一部をなしいわゆる白地刑罰法規を補充する法規制定の性質を有つもので、したがつて告示の廃止は当然その部分に関する刑罰法規の廃止を伴うものか、あるいはかような場合当該犯罪の構成要件は……抽象的に統制額を超えて取引するという概念自体で定まり構成要件を定める法規には何ら空白はなく、したがつて告示の廃止は刑罰法規の廃止とはならないで単に構成要件を充足する事実の面において変更をもたらすものに過ぎないかが争われたことがあつた――例、昭和二五年一〇月一一日最高裁大法廷判決における少数意見〔判例集四巻一〇号一九七二頁登載〕参照――が、本件において道路交通取締法施行令第四一条は、……道路交通取締法第二三条に基き、……広汎な権限をさらに公安委員会に委ねているため、同施行令第七二条第三号の定める本件の罪の構成要件は、その具体的内容の多くを公安委員会の定めるいわゆる規則――……――にまつ実情にあり、その行為の違法的要素ないし犯罪としての本質は、抽象的に公安委員会の規則を無視する点にあるというより、むしろ具体的に公安委員会の定める個々の規則、たとえば本件についてこれをみれば、原動機付自転車に二人乗りをすることを禁じた規則に違反する点にあると解すべきであるから、公安委員会の規則の内容が刑罰法規の一部をなすところのいわゆる白地刑罰法規であることは、ほとんど疑をいれないであろう）とともに、当該公安委員会の制限を必要とした一時的事情の消滅または変更により、その部分に関するかぎり早晩廃止または変更されることが予定されている性格をもつところの法規であるということができる。そうとすれば被告人の本件行為を禁じていた新潟県道路交通取締規則の改正による右禁止の解除が、その部分に関する具体的刑罰法規の廃止という結果を伴う――……――ものであることは、右規則違反の罪を定めた前記法規の性質上まことに明らかであるといわなければならない（この意味において前掲最高裁の判決の多数意見が、……「この告示の廃止は……直接には刑罰法規の廃止ではない」としているのは、もし用語の相違でなければたやすくこれを理解しがたいものといわなければならない。……空白刑罰法規の性質上その空白が告示により補充されることにはじめて具体的にその個数に応じていくつかの刑罰法規が完成するとみるかぎり、やがてその告示が廃止されることによつてその部分に関する当該刑罰法規もまた廃止されることになると解すべきは、けだし当然のことではなかろうか。その場合基本たる空白刑罰法規が依然として有効に存続することは何らこれと背反するものではない。また、もし右の場合において告示による空白の補充が具体的刑罰法規の制定廃止に無縁であると解すべきものであるとすれば、もはや当該刑罰法規としては何ら空白がなく構成要件的には規定の欠けたところがないということになるべきであつて、……告示の廃止は単に構成要件を充足する事実の面において変更をもたらすに過ぎないというだけで問題は解決し、前掲最高裁判決の多数意見のように、さらに当該法規の性格についてそれが『限時法的』なものであるかどうかなど詮議する必要はないことになろう）から右廃止前になされた被告人の本件行為をその廃止後においてなお行為時法を適用し処罰し得るものとするためには、刑法第六条（第八条）刑事訴訟法第三三七条第二号の趣意にかんがみ、さらにこれに対する例外を示す法規上の明文があるか、そうでないかぎり明文がなくとも理論上同趣旨に解すべき首肯するに足る特別の理由が示されなければならないと考える。」

「しかるに所論が単に『道路交通取締法施行令第四一条ならびにこれに違反する所為を処罰する旨規定している同令第七二条第三号は現在も存続してその間改廃されていない』と言い、『右のように罰則を規定した基本法令が廃止されない場合、それに基いて制定された規則による一部の禁止が解除されても、すでにその前に成立していた規則違反の罪に対する刑が廃止されたものといえないことは、従来の最高裁判所の判決（前記昭和二五年一〇月一一日の大法廷判決等引用）の趣旨に徴しても明らかである』としている点は、われわれとしてはその理由を理解するに苦しむといわなければならない。もつとも所論はまた別に、前掲道路交通取締法施行令の法条をその有する前述の性格からいわゆる限時法的性格を有する法規と言い、『かような場合、道路交通取締法施行令第四一条に基く規則の改廃につれてつねに刑の廃止ありとして違反者を免訴すべきものとするならば、違反行為取締の徹底を期し得ないのみならず、裁判時の前後によつて同種同質の罪があるいは有罪となりあるいは免訴せられるという不公平な結果を惹起し、一時的事情の消滅が近づくにつれて事実上処罰が不可能となる等、道路における危険防止およびその他交通の安全を図るという前記施行令ならびに道路交通取締法の目的は著しく阻害されることとなるのである』と主張する。

たしかに本件道路交通取締法施行令の法条が有つ前述の特殊性格は、あたかもかの戦時中および戦後の一時的事情の下に制定されたもろもろの経済取締法規のそれに似たものであると考えられるのであつて、この点原判決の説明にはくみしがたい点も存在するのである……が、所論のように、なぜ『本件道路交通取締法施行令第四一条に基く規則の改廃につれてつねに刑の廃止ありとして違反者を免訴すべきものとするならば、違反行為取締の徹底を期し得ない』のか——すでに一般に処罰の必要が認められなくなつた行為につき、行為当時においては処置さるべきものであつたというだけで、なぜ今日さかのぼつてこれを処罰しなければ取締の目的を達し得ないのであろうか。またなぜ『裁判時の前後によつて同種同質の罪があるいは有罪となりあるいは免訴されるということが不公平な結果を惹起する』のか——なるほど同種同質の罪を犯した者がたまたま裁判時が異なるという偶然の事情により処遇が違うことになるのは一見不公平に似ているが、しかしともかく裁判時には規則が変つて一般的に処罰の必要が認められなくなつたという事情の変更は、右のような非難を排斥する正当の理由にならないであろうか、さらにまた、なぜ『一時的事情の消滅が近づくにつれて事実上処罰が不可能となる』のか——あらかじめ法規の有効期間が明示されている場合（いわゆる狭義の意味における限時法の場合）には、その期間の終末に近づくにつれて将来処罰されなくなることを予測して遵法を怠り裁判の遷延によつて不当に科刑を免れようとする傾向を生じないとは言えず、これが法の目的を甚しく阻害することは、よくこれを理解し得るのであるが、そうでない場合、将来その法規を必要とした一時的事情の消滅が近づくことを何人が適確に予想しその予想の下に処罰を免れようとして違法をあえてするおそれがあるというのであろうか。

従来かの経済統制法規等について、いわゆる限時法ないし限時法的性格を有する法規の名の下に、所論のような理由により、その主張するような結論を支持した判例（前掲昭和二五年一〇月一一日最高裁大法廷判決）ないし有力な学説が存したことはこれを認めるのであるが、今本件において、前に説明したとおり、刑法第六条（第八条）刑事訴訟法第三三七条第二号の規定にかかわらず、これに反する結論を明文なくして引き出すことを妥当とするほどに、所論の前記諸事情がその強力な理由たることをわれわれはにわかに是認しがたいし、他にまた首肯するに足る特別の理由を見出すことができないと考えるものである」。「近時多くの学説の傾向も明文なくして刑法第六条の例外を認める場合を厳しく解する方向に向いつつあるように思われる。なお昭和三二年一〇月九日最高裁大法廷判決は、旧関税法第一〇四条の委任による命令の改廃により、行為時には外国とみなされていた地域が、裁判時には外国とみなされなくなつた場合、同地域から免許を受けないで貨物を日本内地に輸入した罪について、従来の判例を変更して、犯罪後の法令により刑が廃止されたものと解すべきであるとした」（東京高判昭三三・一二・二三東京高時報九・一三刑三一九、〔研究〕八木胖・法律のひろば一二巻四号五頁、山田弘之助・上智法学論集五巻二号一一三頁）。

(8)　最後に、右の判例【43】と前出判例【12】の(2)の判旨とを比較検討することによつて、限時法に関するもつとも重要な判例の一つと考えられる最判昭三七・四・四（＝判例【12】）のもつ意義を考えて、この研究を終りたいと思う。

まず、注意したいのは、この両判例の関係である。すでに述べたように、判例【12】の判旨は、「当裁判所は次に述べるとおり、職権により調査し、本件は、刑訴三三七条二号により被告人を免訴すべきものに該当しないとの判断に到達した」とその結論を述べ、「それ故、論旨引用の前記判例」すなわち判例【43】は、判例【12】により「変更されることになるものである」としているのであるが、これは、判例【12】によつて判例【43】が、結論的に「変更されることになる」というように解せられるし、又、そう解すべきだと思う。以下に述べるように、判例【12】は判例【43】を決して全面的には否定していないのである。このことは、判例【12】のもつ意義を考える上に重要である。そこに「限時法」判例の進歩・発展を考えることができるからである。

判例【43】について八木（胖）博士は、「この判決は、要するに、本件の場合を『刑罰法規の廃止』とし、廃止前の行為を廃止後に旧法規を適用して処罰し得るには『特別の理由』がなければならないが、それが示されないから免訴すべきであるとするのである」。「しかし、その『特別の理由』の有無を検討するについて、検察官が挙げた形式的な理由」「だけについて、それらはいずれも理解納得できず、明文がないのに刑法第六条刑事訴訟法第三三七条の規定を排除するだけの強力な理由と認めないとする点において、問題が残つていると考える。検察官が挙げた形式的な理由を以てしては『特別の理由』と認められぬとしても、何故に実質的な理由を究明しないで結論を出したのであろうか」とされる（八木・前掲六頁）。

しかし、判例【43】は、決して検察官が挙げた形式的な理由だけについて、「刑法第六条（第八条）刑事訴訟法第三三七条第二号の規定にかかわらず、これに反する結論を明文なくして引き出すことを妥当とするほどに」「特別の理由を見出すことができない」としているのではない。判例【43】は、「もつとも所論はまた別に、前掲道路交通取締法施行令の法条をその有する前述の性格から、いわゆる限時法的性格を有する法規と言い、『かような場合、道路交通取締法施行令第四一条に基く規則の改廃につれてつねに刑の廃止ありとして違反者を免訴すべきものとするならば、違反行為取締の徹底を期し得ないのみならず、裁判時の前後によつて同種同質の罪があるいは有罪となりあるいは免訴せられるという不公平な結果を惹起し、一時的事情の消滅が近づくにつれて事実上処罰が不可能となる等、道路における危険防止およびその他交通の安全を図るという前記施行令ならびに道路交通取締法の目的は著しく阻害されることとなるのである』と主張する」と述べて、その主張を逐一検討しているのである。

それは、判例自身明らかにしているように、「いわゆる限時法ないし限時法的性格を有する法規」の追及効を認める昭和二五年一〇月一一日の最高裁判所大法廷判決（＝前出判例【2】）の批判でもある訳であるが、判例【12】は、結論的には判例【2】と同趣旨であるとしても、その理由づけにおいて、いわゆる限時法の理論をとつていないことに注意しなければならないであろう。われわれはそこに、いわゆる限時法の理論からの脱皮を見るのであるが、そのことに判例【43】が与つて力があつたといえないであろうか。

判例【12】の判旨(2)について、われわれは、その結論は妥当であり、また判例【2】のように漠然と「限時法的性格」を強調したりすることもなく、その理由づけも大体において正当であると考えるが、ただ判旨（(2)の二の(三)）が、「前記施行令四一条、七二条を前記のごとき趣旨のものと解する以上、右公安委員会の規則を、右四一条の規定を具体的に充足する意味において、法規的性質を有するものであると解するとしても、この一事をもつて、前記四一条、七二条の規定が空白刑法的のものであるということにはならない」としている点は、全くの蛇足であり、否むしろ誤りであると考えるのである。そして、判例【12】が、このような蛇足・過ちを敢えてしたことは、判例【43】のこの点に関する非常に説得的な論理の結論をおそれていつたこととしか考えられない。しかし、この点は、判例【43】のいうように、「公安委員会の規則の内容が刑罰法規の一部をなすところの、いわゆる白地刑罰法規であることは、ほとんど疑をいれない」。問題は、だからといつて、判例【43】のいうような結論を必ず採らなければならないかである。

　判例【43】は、「所論が単に『道路交通取締法施行令第四一条ならびにこれに違反する所為を処罰する旨規定している同令第七二条第三号は現在も存続してその間改廃されていない』と言い、『右のように罰則を規定した基本法令が廃止されない場合、それに基いて制定された規則による一部の禁止が解除されても、すでにその前に成立していた規則違反の罪に対する刑が廃止されたものといえないことは、従来の最高裁判所の判決……の趣旨に徴しても明らかである』としている点は、われわれとしてはその理由を理解するに苦しむ」と述べているが、もしこの点が、すでに述べたように正しく理解せられるならば、その結論は、自ら異なつたはずである。そして、この点においては判例【12】の判旨（(2)の二の(四)）の方が正しいのである。しかし、判例【12】が判例【43】の説得的な論理を超克できるためには、われわれが示したような刑法六条の正しい解釈を明確にしなければならない。

広島昭31・2・6………28
東京昭33・12・23… 28, 48, 157, 158, 163
東京昭33・12・26… 28, 48, 157
東京昭34・1・29 … 28, 48, 157
東京昭34・2・4…… 29, 48, 157
大阪昭36・1・30 ……29
大阪昭36・9・15 ……29

地方裁判所判例

長野昭23・4・30 ……15

判 例 索 引

大審院判例

明 42・9・27………105
明 42・11・1………105
明 43・5・17………105
大 7・6・5………104
昭 6・11・26………105
昭 12・5・26………104
昭13・10・29…………53
139, 154
昭15・6・27……144, 154
昭15・7・1…… 61, 142,
145, 150, 154
昭15・7・4………… 145
昭15・7・15…………145
昭15・7・18…60, 61, 145
昭15・7・29…………145
昭15・8・8………… 145
昭15・9・5………… 145
昭15・9・12…………145
昭16・5・20…………145
昭16・5・22 …………59
昭16・9・1 …………145
昭16・10・13…………57
昭22・4・5………15, 20
77, 146, 154

最高裁判所判例

昭23・6・22…………108
昭23・11・10… 109, 114
昭25・2・14 …………91
昭25・10・11……11, 77,
96, 146, 148, 158, 165
昭26・3・22 ………131,
148, 156
昭26・3・23…26, 88, 149
昭26・4・10…… 85, 149
昭26・12・20……27, 149
昭27・9・25(決)……105
昭27・12・25………117,
120, 149
昭28・7・22 …… 28, 29
101, 138, 149
昭28・12・16(昭27(あ)
2226号)………28
昭28・12・16(昭27(あ)
669号)……28, 50, 149
昭29・1・16(昭28(あ)
1111号)…………148
昭29・1・16(昭27(あ)
3358号)…………148
昭29・2・2 …………148
昭29・5・14 ……63, 148
昭29・11・10 ………153
昭29・12・1……… 135,
150, 154
昭29・12・3…………154
昭29・12・23……… 28,
35, 153
昭30・2・23… 121, 126,
135, 149, 155
昭30・4・27…………28,
149, 150
昭30・7・20……… 121,
149, 155
昭31・1・25…………150
昭31・5・23…………149
昭31・7・11…………149
昭31・7・18…………149
昭31・9・26…………149
昭31・12・26 ………105
昭32・10・9…129, 156,
157, 158
昭32・12・10 ………156
昭35・7・20……66, 157
昭36・7・14 ………157
昭37・4・4……28, 43,
157, 163

高等裁判所判例

広島昭23・7・16……21,
146
名古屋昭24・7・12…67,
75, 146
名古屋昭24・9・6……67
名古屋昭24・10・31…21
東京昭24・11・11…23, 146
名古屋昭24・12・20…24
名古屋昭25・2・16…147
大阪昭25・3・18…7, 147
東京昭25・4・11 …25, 147
名古屋昭25・4・11…147
札幌昭25・5・13……147
札幌昭25・7・7…24, 147
東京昭26・10・3…67, 75
東京昭27・7・15 ……28
札幌昭27・8・15 ……28
札幌昭27・10・16……67
広島昭28・1・20……67,
69, 73
福岡昭28・3・18…67, 68
広島昭28・11・20… 67,
69, 70, 136
東京昭29・1・21…28, 37
東京昭29・4・21……67,
69, 71

著者紹介

木村亀二（きむら かめじ） 明治大学教授
大野平吉（おおの へいきち） 熊本大学助教授

総合判例研究叢書　刑法（25）

昭和39年6月25日　初版第1刷印刷
昭和39年6月30日　初版第1刷発行

著作者　木村亀二
　　　　大野平吉
発行者　江草四郎

東京都千代田区神田神保町 2〜17
発行所　株式会社 有斐閣
電話（261）0323・0344
振替口座東京370番

印刷　新日本印刷株式会社　製本・稲村製本所

総合判例研究叢書 刑法(25)
(オンデマンド版)

2013年2月15日 発行

著 者 木村 亀二・大野 平吉
発行者 江草 貞治
発行所 株式会社 有斐閣
〒101-0051 東京都千代田区神田神保町2-17
TEL 03(3264)1314(編集) 03(3265)6811(営業)
URL http://www.yuhikaku.co.jp/

印刷・製本 株式会社 デジタルパブリッシングサービス
URL http://www.d-pub.co.jp/

AG525

ISBN4-641-91051-0
Printed in Japan